TABLEAU

DU CAUCASE.

IMPRIMERIE ET FONDERIE DE J. PINARD,

RUE D'ANJOU-DAUPHINE, N° 8, A PARIS.

TABLEAU

HISTORIQUE,

GÉOGRAPHIQUE, ETHNOGRAPHIQUE ET POLITIQUE

DU CAUCASE

ET

DES PROVINCES LIMITROPHES

ENTRE LA RUSSIE ET LA PERSE.

PAR M. KLAPROTH.

A PARIS,

CHEZ PONTHIEU ET Cⁱᵉ, LIBRAIRES,

PALAIS-ROYAL, GALERIE DE BOIS.

—

1827.

TABLEAU

HISTORIQUE,

GÉOGRAPHIQUE, ETHNOGRAPHIQUE

ET POLITIQUE

DU CAUCASE.

CHAPITRE PREMIER.

Le nom de Caucase est très ancien.—Vraisemblablement dérivé de Koh Kâf. — Graucasus. — Cas-pi. — Le nom de Caucase actuellement presque ignoré chez les peuples de l'Asie. — Albrouz ou Elbrouz. — Ial-bouz. — Iedi Ial-bouz. — Iel-bouz. — Iildiz taghlar. — Noms arabes de cette montagne. —Djebal ol Kaïtakh. —Djebal Faïtakh. —Djebal ol Kabak. — Djebal ol Fath , montagne de la victoire. — Nom turc Kâf daghi.—Noms géorgiens et arméniens.

———

LE nom de *Caucase* est très ancien; il se trouve pour la première fois chez le poète Eschyle, qui, en 490 avant notre ère, combattit avec gloire à Marathon. Comme lui, Orphée, Scylax et Hérodote ne comprennent sous ce nom que la haute chaîne de monts qui s'étendent entre le Pont-Euxin et la mer Caspienne. Les auteurs grecs d'une époque postérieure, ayant appris qu'une semblable chaîne gigantesque bornait l'Inde du côté du nord, ont appliqué également à cette dernière le nom de Caucase, probablement à l'imitation des Perses.

Caucase paraît avoir été originairement une dénomination donnée à toutes les hautes montagnes qui environnent la Perse au nord-ouest et au nord-est. C'est le même
mot que *Koh Kâf* (le mont Kâf) qui, d'après les traductions mythologiques des peuples de l'Asie occidentale,
entoure le monde. Ce Koh Kâf n'est autre chose que
la chaîne du Caucase occidental et celle de l'Inde, réunies par les monts de Damavend et le Paropamisus. L'ancienne forme de *Koh Kâf* était *Koh Kafsp,* c'est-à-dire les
monts Caspiens, qui ont donné leur nom à la mer d'Hyr-
canie. Pline, à la vérité, rapporte que le nom de Caucase
était d'origine scythique, et qu'il venait de *Graucasus,*
dont la signification était : *blanchi par la neige;* mais
cette étymologie paraît sans fondement, comme une
grande partie de celles qui se trouvent dans les auteurs
anciens. Quelques écrivains ont voulu dériver le nom
de Caucase du mot *Kas,* neige. Je ne connais pas de
langue dans laquelle *Kas* ait cette signification. Isidore
de Séville prétend aussi que *Cas-pi* signifiait *montagne
blanche,* dans la langue des Scythes, mais c'est une
étymologie qu'on ne peut justifier par aucun idiome
connu.

Le nom de Caucase est actuellement presque ignoré
chez les peuples de l'Asie; ce n'est que chez les Arméniens
et les Géorgiens qu'il est encore en usage : ils l'ont reçu
des Grecs avec leur littérature. Les autres nations de
l'Asie, et la plupart des tribus farouches qui habitent
ces montagnes, leur donnent le nom d'*Albrouz* ou *Elbrouz.* C'est encore un ancien nom persan propre à plusieurs sommets de montagnes couverts de neiges perpé-

tuelles; on le trouve dans les livres anciens des Perses;
il s'applique également au pic de Damavend et autres.
Deux pics élevés du Caucase portent ce nom : celui qui
est auprès de la source du Kouban, et le Chah Albrouz,
ou l'Albrouz royal, dans le Daghestân. Cependant il est
ordinairement attribué à toute la chaîne. Les Nogaï, les
Koumuk et autres peuples turcs, qui ne sont pas originaires du Caucase ni des pays qui l'avoisinent, ont adopté
cette dénomination persane ; ils l'ont même modifiée un
peu, pour qu'elle eût une signification dans leur langue ;
ainsi ils disent *Ial bouz*, c'est-à-dire crinière de glace. Ils
nomment aussi toute la chaîne du Caucase *Iedi Ial bouz*,
les sept crinières de glace. Quelquefois on dit *Iel bouz*,
vent et glace, et les Nogaï appellent les cimes les plus
élevées *Iulduz taghlar*, montagnes des astres.

Un autre nom du Caucase, assez généralement adopté
à l'époque de la puissance arabe, fut celui de *Djebal ol
Kaïtakh*, ou montagne des Kaïtakh ; il le reçut de la
nation des Kaïtakh ou Kaïtak, qui habite encore dans
la partie orientale de la chaîne. Les Arabes et les Persans
changèrent ce nom en *Djebal Faïtakh, Djebal ol Kabak* et
Djebal ol Fath (montagne de la victoire), en posant mal
les points diacritiques sur les traits des lettres arabes,
avec lesquelles il s'écrit.

Les Turcs de Constantinople nomment le Caucase *Kâf
daghi*, les monts Kâf; les Géorgiens se servent ordinairement du mot turc-nogaï, et disent *Yalbouzis mtha*, mont
Yalbouz; les Arméniens l'appellent *Yalbouzi sar ;* ils ont
cependant aussi conservé la dénomination de *Kavkas*.
Un autre nom vulgaire, usité chez les Géorgiens, est

Themi ou *Temi*, dont j'ignore la signification. Au reste, les habitans de cette chaîne de montagnes donnent des noms particuliers à ses différentes parties, et ne se servent que rarement de dénominations générales, si même ils les connaissent.

CHAPITRE II.

Notions mythologiques et historiques sur le Caucase. — Prométhée y est attaché. — Son fils Deucalion le quitte et vient en Thessalie. — Conquêtes de Sésostris qui parvient au Caucase et y laisse une colonie. — Hérodote trouve encore des indices de la parenté des habitans de la Colchide avec les Égyptiens. — Cette ressemblance, si elle a jamais existé, est actuellement tout à fait effacée. — Mots coptes qui offrent quelque analogie avec des termes caucasiens. — Époque historique. — Colonies grecques sur les côtes N.-E. de la Mer-Noire. — Émigrations des Cimmériens. — Émigration des Tauro-Scythes qui passent le Caucase. — Époque romaine. — Guerre contre Mithridate. — Expédition de Corbulon. — Agrandissement des États romains du côté du Caucase, sous le règne de Trajan. — Entreprises des Perses. — Les montagnards restent en bonne intelligence avec les Romains. — Introduction du christianisme dans l'isthme caucasien. — Guerre des Romains contre les Perses. — Influence de la religion de Mahomet dans les Caucases. — Guerres que les Arabes y font. — Khazars. — Domination arabe. — Royaume de Géorgie. — Turcs Seldjoukides. — David Ier, roi de la Géorgie et ses successeurs immédiats gagnent une grande influence dans les pays caucasiens. — La reine Thamar. — Sa fille Roussoudan. — Invasions des Kharizmiens. — Conquêtes des Mongols. — Invasions de Timour. Alexandre Ier réunit tous les pays géorgiens sous son sceptre. — Partage malheureux de ses États entre ses fils. — Turcomans. — Suprématie des Persans. — Alliance des rois géorgiens avec la Russie. — Conquêtes des Turcs. — Guerre de Pierre-le-Grand contre la Perse. — Paix conclue par laquelle les Russes deviennent possesseurs des provinces persanes qui bordent la mer Caspienne. — Nadir chah. — Les Russes rendent leurs conquêtes. — Fausse politique du roi Héraclius. — Prises de Tiflis par les Persans. — Occupation russe de la Géorgie. — Guerres des Russes contres les Persans. — Paix de Gulistan. — Agrandissement de la Russie dans l'isthme caucasien.

Le Caucase est célèbre dans la mythologie grecque par le supplice de Prométhée. Ce dieu *prévoyant,* car c'est la signification de son nom (Προμηδεὺς), avait excité le courroux de Jupiter, par la hardiesse qu'il eut de sauver la race humaine, que Jupiter voulait anéantir pour produire un monde nouveau. Prométhée avait empêché les hommes de lire dans l'avenir, en plaçant chez eux l'espérance aveugle ; rare et inestimable présent, qui seul aide à supporter la peine de vivre ; il leur avait fait part du feu, dérobé aux dieux dans une férule ; cet élément était devenu pour eux le principe de tous les arts, la source de mille avantages. Voilà un crime que l'humeur jalouse de Jupiter ne pouvait pardonner ; il ordonna donc à Vulcain d'enchaîner Prométhée sur un rocher du Caucase, le plus élevé des monts, dont la cime est voisine des nues. A cette époque mythologique, les Amazones habitaient encore au pied de cette montagne ; ce ne fut que plus tard qu'elles allèrent, selon Eschyle, se fixer à Thémiscyre, près du Thermodon, en Asie mineure. Prométhée lisait dans l'avenir que Jupiter perdrait le sceptre par son propre fils Hercule, descendant d'un premier fils Epaphus, qu'il aurait avec Io, et que ce même Hercule délivrerait Prométhée. Sur le refus du dieu enchaîné de dévoiler à Jupiter les arrêts du destin, le fils de Saturne le foudroie, et le fait engloutir dans le sein de la terre.

Deucalion, fils de Prométhée et d'Hésione, quitta le Caucase, et vint en Thessalie; c'est sous lui qu'arriva la grande inondation qui, suivant les traditions grecques, détruisit le genre humain. Deucalion et Pyrrha, son épouse, repeuplèrent la terre en jetant derrière eux des pierres, qui se changèrent en hommes. La période mythologique du Caucase finit avec l'expédition des Argonautes qui, sous la conduite de Jason, allèrent chercher la toison d'or dans le voisinage de ces montagnes.

Le grand Sésostris, qu'on doit placer dans la première moitié du xIIIe siècle avant notre ère, poussa ses conquêtes bien plus loin que ne le fit dans la suite Alexandre; car il passa le Gange, et parvint jusqu'aux extrémités de l'Océan indien; remontant vers le nord, il dompta les tribus scythiques jusqu'au Tanaïs, qui sépare l'Asie de l'Europe, puis laissa sur la côte du Palus Mœotis et au pied du Caucase, vers les bords du Phase, une colonie d'Égyptiens, qui fondèrent l'état de Colchos. Hérodote pouvait encore constater de son temps les nombreux rapports de couleur, de constitution physique, de mœurs et de langage communs aux deux populations; l'usage de la circoncision l'avait surtout frappé comme étant d'origine égyptienne ou éthiopienne. Actuellement on ne reconnaît plus les anciens Égyptiens dans les habitans des bords du Phase; ce sont les Imiréthiens, et plus au nord les Mingréliens, peuples d'origine géorgienne, qui,

vraisemblablement, ne sont venus s'établir sur les côtes
de la Mer-Noire qu'après l'époque de Sésostris. On serait plutôt tenté de retrouver quelque ressemblance entre
la figure des anciens Égyptiens, telle que nous la voyons
sur les monumens de leur pays, et celle des Abazes, qui
habitent au nord des Mingréliens, sur les côtes du Pont
et dans les monts caucasiens. Le visage rétréci des Abazes, leur tête comprimée de côté, le bas de leur visage
court et leur nez peu saillant, qui ne fait presque pas
d'angle avec le front, leur donnent un caractère national
particulier, et les distinguent de tous leurs voisins. Trois
mille ans peuvent pourtant effacer beaucoup de rapports
entre deux peuples de même origine, mais séparés l'un
de l'autre par une distance considérable. Il faut aussi
croire que la colonie égyptienne laissée par Sésostris en
Colchide se composait presque entièrement d'hommes,
qui prirent des femmes du pays; car on ne peut supposer
que les soldats de ce conquérant aient emmené leurs familles avec eux dans les expéditions lointaines qu'il
leur fit entreprendre. Ainsi, la première génération égyptienne au pied du Caucase a déjà été de race mixte; et
comme les enfans apprennent plutôt la langue de leur
mère que celle du père, l'usage de l'idiome égyptien sur
les bords du Pont-Euxin se sera sans doute bientôt perdu
en Colchide. En examinant avec soin les langues du
Caucase, on y trouve, à la vérité, plusieurs mots offrant
quelques analogies avec le cophte actuel, dans lequel se
conservent les restes de l'ancienne langue de l'Egypte,
mais ces rapports peuvent aussi bien provenir de la parenté générale qu'on observe entre toutes les langues du

monde, que de la colonie des Égyptiens du temps de Sésostris (1).

Dans le VIIe siècle avant notre ère, les Grecs, et principalement les Milésiens, commencèrent à envoyer des colonies sur les côtes N.-E. de la Mer-Noire, et y établirent la ville de Tanaïs à l'embouchure du Don, celles de Phanagoria et d'Hermonassa sur le Bosphore cimmérien, et, en Mingrélie, Dioscurias, dont les ruines, situées à l'embouchure du Marmar, portent encore le nom d'Iskouriah. Malgré ces colonies, les Grecs n'entretenaient qu'un commerce passif avec les habitans de l'intérieur du pays et des hautes montagnes; c'est pour cette raison qu'ils n'eurent pendant long-temps aucune connaissance pré-

---

(1) Voici quelques mots cophtes qui se retrouvent dans les idiomes du Caucase :

Père.........	iôt......	iada, en tcherkesse.
Nez	chat....	chié, en tcherkesse.
Langue.....	aspi....	absag, ossète
		ips, en abaze.
Dent........	chol....	tsiol, lesghi d'Andi.
		tsulvé,———d'Akoucha.
Main........	tot......	tota, en touchi.
Os...........	kas.....	kouchha, en tcherkesse.
Poule.......	halit...	heleko, lesghi d'Awar.
Vieillard...	hello....	herau, ———————
Limite.....	awridj..	awadj, en ossète.
Fosse.......	tchik...	tchak, en tchetchentse.
Battre.......	tchaw..	tsaw, en ossète.
Non.........	an......	anou, lesghi de Dido.
Habitation.	onh....	ounna, en tcherkesse.

cise sur le Caucase. Hérodote mentionne à cette époque
deux émigrations importantes d'Europe en Asie : celle
des *Cimmériens* qui, las du joug sous lequel les tenaient
les Tauro-Scythes, quittèrent la Tauride pour passer en
Asie, dévastèrent tous les pays qu'ils traversèrent jusqu'en
Ionie, et firent là conquête du royaume de Lydie. La seconde émigration eut lieu vers l'an 633 avant notre ère ;
c'est celle des *Tauro-Scythes* qui, sous la conduite de
leur roi Madyes, s'étant mis à la poursuite des Cimmériens, passèrent à main armée par les états de Cyaxarès,
roi de Médie, les battirent, assiégèrent Ninivé, et ré-
gnèrent pendant vingt-huit ans dans la Haute-Asie. Dans
cette émigration les Scythes doivent naturellement avoir
passé par le Caucase, et il paraît qu'ils retournèrent par
les mêmes montagnes dans leur ancien pays, quand ils
furent chassés de la Perse.

Ce fut dans le iiᵉ siècle avant J.-C. que les Romains
firent la guerre à Mithridate, qui se retira dans le Caucase.
Pompée passa alors par la Colchide, sans entrer dans les
hautes montagnes. Ce ne fut que dans leurs guerres en
Ibérie et en Albanie que les Romains reçurent de plus
amples notions sur les pays situés entre la Mer-Noire
et la Caspienne. Corbulon, qui, soixante ans après
notre ère, soumit entièrement l'Arménie, envoya une
carte de toutes ces contrées à Rome. Comme le but
des Romains était la conquête de la partie orientale du
Caucase ou de l'Albanie, et la possession des pays arrosés
par le Cyrus et l'Araxes inférieur, ils négligèrent celle
de l'Ibérie et de la Colchide. Trajan étendit le premier sa
domination des côtes du Pont en Ibérie, et jusqu'aux

hautes montagnes; il y établit des rois, qui reconnurent la suprématie des Romains. Cependant l'influence de ces derniers y fut toujours très bornée; ils n'y commandaient qu'autant qu'ils tenaient un nombre suffisant de troupes dans ces contrées, et même, à l'époque de l'affaiblissement de leur puissance, ils ne pouvaient dégarnir entièrement ces provinces, de crainte que les peuples du Nord ne fissent des incursions sur le territoire de l'empire. D'un autre côté, les rois de Perse, qui leur disputaient la possession de l'Arménie, commençaient déjà à manifester le désir de s'emparer du Caucase oriental; leurs entreprises obligeaient les empereurs byzantins de rester en relation intime avec les peuples du Caucase, d'acheter leur amitié par des présens, ou d'envoyer des armées dans le pays pour les contenir.

Le manque total de sel disposa la plupart des Caucasiens à rester en bonne intelligence avec les Romains, qui leur fournissaient cette denrée de première nécessité, parce que les nations nomades, qui alors occupaient les steppes au nord des montagnes, les empêchaient d'aller y chercher le sel, produit en abondance dans plusieurs lacs. L'introduction de la religion chrétienne chez les peuples d'origine géorgienne eut aussi une heureuse influence sur leurs relations avec les Romains, qui, suivant la même croyance, prêtèrent un ferme appui à leurs coreligionnaires contre la Perse. De 551 à 554, Justinien Ier fit la guerre en Colchide contre Khosrou Nouchirvân, qui avait soumis le Caucase oriental, et voulait faire valoir ses prétentions sur la Géorgie. En 625, l'empereur Héraclius conclut, près de Tiflis, un traité de paix avec le roi des Khazar, peuple alors très puissant au nord du Caucase. Ce roi lui fournit 40,000 hommes de troupes auxiliaires contre la Perse, dont Héraclius défit bientôt après les armées dans le voisinage de Ninivé.

Le choc produit dans l'Asie occidentale, par la fondation et la propagation de la religion de Mahomet, se fit bientôt sentir jusque dans les vallées du Caucase. Mahomet n'avait pu entreprendre lui-même son expédition projetée contre les peuples qui occupaient cette chaîne, ni contre le roi des Khazar, qui avait maltraité les envoyés du législateur arabe. Abou-bekr, Omar, Othman et Ali, les premiers successeurs du prophète, avaient eu trop de troubles intérieurs à apaiser pour pouvoir exécuter ses ordres relatifs à la conquête de Derbend. Ce ne fut qu'en 661 que Rabiat-ul-Bahly fut envoyé, à la tête de 40,000 hommes, dans ces contrées, pour s'y établir et convertir les habitans à la religion de Mahomet; mais il y fut battu par les forces réunies des Grecs et des Khazar, et perdit presque toute son armée.

Cette défaite, loin de refroidir l'humeur guerrière des Arabes, l'excita au contraire; chaque musulman se crut obligé de contribuer à remplir la dernière volonté du Prophète, et de se tenir prêt à marcher à la conquête du Caucase. Valid, fils d'Abd-ul-mélik, qui, en 684, parvint au khalifat, envoya dans cette contrée son frère Muslimeh, avec 30,000 hommes d'élite; un succès complet couronna cette expédition. Muslimeh s'empara de Derbend, ou de la Porte de Fer, conquit le Chirvàn, une grande partie du Daghestàn, et pénétra en Géorgie.

Il y établit une garnison dans la forteresse de Dariel, la porte Caucasienne des anciens, qui fut appelée alors Château de la porte des Alains. Il subjugua bientôt le pays situé entre Tiflis et ce château. Sous le règne du successeur de Valid, les Arabes furent chassés de Derbend et repoussés jusqu'en Arménie, où ils eurent des guerres sanglantes à soutenir contre les peuples habitant au nord du Caucase, tels que les Alains et les Khazar, et les montagnards qui occupaient cette chaîne. Ce ne fut qu'en 722 qu'Abou Obeïdah Djarrakh reprit les provinces perdues, chassa les Khazar de Derbend, et les repoussa au nord du Caucase. Cette guerre finit en 732. L'année suivante, une nouvelle armée arabe, sous la conduite d'Abou Moslem, pénétra dans le Daghestân, força tous ses habitans d'adopter la religion mahométane, et leur imposa un tribut destiné à payer les troupes. On répara les fortifications de Derbend et on agrandit le port de cette ville. A l'exemple des rois Sassanides de la Perse, les Arabes avaient envoyé de nombreuses colonies dans ces pays nouvellement conquis; elles contribuèrent puissamment à contenir les anciens habitans, facilitèrent l'introduction de l'islamisme, et finirent par se confondre entièrement avec eux. Ces colonies étaient venues de l'Yrak, de l'Adzarbaitchân, de l'Arabie, d'Emesse, de Damas, de la Mésopotamie, de Moussoul et de la Palestine : leur existence dans le Caucase est encore attestée par les villages de nomades arabes dans le Daghestân, et par le nombre considérable de mots arabes qu'on rencontre dans les idiomes des Lesghi.

Depuis ce temps, tout le Caucase oriental et une partie

de la Géorgie, furent des provinces du khalifat, gouvernées par leurs propres princes, qui reconnaissaient
la suprématie des Arabes. Il paraît cependant que la
Géorgie fut plus indépendante que le Daghestân et le
Chirvân; les Arabes la nommèrent alors Pays des Abkhaz,
et ses habitans, comme ceux de la Khazarie (l'Akhal-
tsikhé et l'Imirethi), envoyèrent un tribut annuel au
gouverneur arabe de Tiflis, jusqu'au règne du khalife
Motavakkel (861 de J -C.). A cette époque, Ish'ak, fils
d'Ismaïl, commandait dans cette ville; aidé des musulmans qu'il avait sous ses ordres, il s'était rendu redou-
table à toutes les nations voisines, et les avait forcées à
se soumettre. Motavakkel, alarmé de voir Ish'ak régner
en souverain sur une si grande étendue de pays, envoya
contre lui une armée qui mit le siége devant Tiflis, la
prit d'assaut, et tua le gouverneur. Depuis cet événement, les Arabes perdirent peu à peu leur autorité en
Géorgie, et les peuples du Caucase secouèrent insensiblement le joug qu'ils leur avaient imposé.

L'établissement des dynasties des Thahériens et des
Soffarides en Perse, avait déjà considérablement affaibli
la puissance des khalifs dans le ix⁰ siècle; celle des Sama-
nides, qui s'empara du pouvoir dans le x⁰, accomplit,
pour ainsi dire, la dissolution de leur empire. Vers l'an
927, Vahchoudan devint puissant dans les pays qui avoisinent la mer Caspienne au S. et au S. O.; il s'empara
du Dilem, du Ghilan, du Djordjân et du Thabaristân.
Ses successeurs sont connus sous le nom des rois Dilemites; leur capitale était Cheheristân, située dans cette
dernière province. Voisins du Caucase, ils exercèrent

pendant un siècle une grande influence ; à la chute de cette dynastie, Mahmoud de Ghizneh d'un côté, et les Bouïdes de l'autre, s'emparèrent de leurs États. Ces derniers tiraient leur origine d'un pauvre pêcheur du Dilem, nommé Bouïah, qui prétendait descendre des rois Sassanides de la Perse. Ce furent eux qui possédèrent, après les Dilemites, les provinces qui avoisinent la mer Caspienne et le Caucase; ils restèrent également en relation suivie avec les habitans de cette chaîne de montagnes.

Chaque fois que les rois de la Géorgie étaient délivrés de la présence des mahométans dans leurs états, ils renouaient leur alliance avec les empereurs grecs de Constantinople. Il paraît que cette liaison devint avec le temps très onéreuse pour eux. L'empereur Basile, mécontent du roi George, fils de Gourghen, qui régna de 1014 à 1027, fit une invasion dans son pays, qu'il trouva dépeuplé, parce que les Géorgiens s'étaient retirés dans les montagnes. Il se désista pour cette fois de son entreprise, mais il revint l'année suivante. George ayant eu le temps de rassembler une armée considérable, alla à la rencontre des Grecs, les battit totalement, et parvint, après une autre campagne, à faire sa paix avec l'empereur.

Bientôt après cet événement, les Turcs Seldjoukides s'emparèrent de la Perse, et y fondèrent une dynastie puissante; elle subjugua tous les pays qui s'étendent depuis la Syrie jusqu'à Kachghar, dans l'Asie centrale. Les rois de Géorgie furent forcés de se déclarer ses vassaux, sans pouvoir toutefois empêcher, par ce moyen, les incursions fréquentes que ces Turcs faisaient dans leur pays. C'est sous le règne du sulthan Alp-arslan, ou dans la seconde moitié du xi⁰ siècle, que plusieurs hordes turques ou turcomanes vinrent de la Perse en Géorgie et dans d'autres pays voisins du Caucase, et s'y établirent avec leurs troupeaux.

David I, roi de Géorgie, parvint au trône en 1089, et changea bientôt la face des affaires de son pays. Il rebâtit les villes et villages qui avaient été détruits pendant les guerres précédentes, et conçut le projet de chasser de ses états tous les mahométans qui s'y étaient établis. A cet effet, il forma une alliance avec les Khazar et autres peuples septentrionaux qui, réunis à lui, entrèrent dans les terres des musulmans par la Géorgie, et ravagèrent tout le pays jusque sous les murs d'Alep. Chargés d'un riche butin, ils retournaient en Géorgie, lorsqu'ils furent atteints près de Tiflis par l'armée des Seldjoukides, qui essuya une défaite complète. Tiflis et Roustavi, les deux places fortes de la Géorgie dans lesquelles il y avait encore des garnisons mahométanes, furent prises d'assaut. Le roi David II conquit aussi les pays limitrophes de ses états, se rendit maître du Chirvân, occupa les contrées situées sur le Kour et l'Araxes inférieur, et étendit sa domination à l'O. jusqu'à Trébisonde. Pour punir les incursions que les Arméniens avaient souvent faites dans son pays, il s'empara de leur capitale, Ani. Plus tard, il prit aussi le Karabagh et la ville de Derbend. Sous son règne, et sous celui de ses trois premiers successeurs, la Géorgie exerça une suprématie complète sur tout l'isthme caucasien, et se soutint avec éclat contre les différens princes turcs qui régnaient en Perse, en Syrie et en Asie mineure.

Après la mort de son arrière-petit-fils, il ne restait aucun rejeton mâle de la famille royale de Géorgie ; sa fille Thamar monta donc sur le trône, et cette grande princesse augmenta encore la gloire et la puissance de sa nation, par les guerres heureuses qu'elle fit contre les musulmans, et principalement contre plusieurs princes Atabegs ses voisins. Elle soumit aussi une grande partie des peuples du Caucase, et se concilia l'amitié des autres. Pour les civiliser, elle introduisit la religion chrétienne dans ces montagnes, et y fit bâtir un grand nombre d'églises, dont quelques unes existent encore de nos jours, quoique la croyance chrétienne se soit éteinte parmi les tribus sauvages, dans le pays desquelles elles se trouvent.

C'est avec Thamar que finit l'époque brillante de la Géorgie, époque qui faisait espérer la civilisation complète des Caucasiens. Cette idée flatteuse s'évanouit par la révolution terrible que Tchinghiz khan et ses Mongols produisirent dans presque toute l'Asie. Sous le règne du fils de Thamar, ce conquérant pénétra en Géorgie et dans plusieurs autres contrées du Caucase. Les malheurs qui pesèrent alors sur la Géorgie, augmentèrent encore pendant le règne de la reine Roussoudan, fille de Thamar. Djelal-ed-din, sulthan de Kharizm, furieux de ce que cette belle princesse lui avait refusé sa main, et s'était mariée à un autre, vint à plusieurs reprises dévaster son pays. Les Mongols s'emparèrent bientôt de la Géorgie et du Caucase oriental, et y établirent des préfets militaires, qui y gouvernèrent au nom du Grand-khan, sans pourtant ôter entièrement le pouvoir aux princes indigènes. Depuis ce temps, ces pays restèrent des provinces de l'empire mongol en Perse.

Les invasions et les guerres que Timour fit, dans le XIVe siècle, en Géorgie et dans les pays caucasiens, paraissent avoir été beaucoup plus désastreuses pour ces contrées que celles des Mongols. Ces derniers s'étaient contentés des tributs qu'ils exigeaient de leurs nouveaux sujets, au lieu que l'empereur de Samarcand prétendit convertir à l'islamisme tous les peuples soumis par ses armes. Il commit des cruautés inouies pour parvenir à ses fins, et ce fut principalement la Géorgie chrétienne qui fut exposée à ses fureurs. Ces désastres finirent à la mort de Timour. George VII, roi de Géorgie, chassa, au commencement du XVe siècle, tous les mahométans de son pays, et y rétablit la religion chrétienne et l'ordre. Son second successeur, Alexandre I, réunit tous les pays géorgiens sous son sceptre, et fit des guerres heureuses contre les princes mahométans, dans l'Adzarbaitchân. Malgré ses succès et sa bonne administration, ce prince devint la principale cause des malheurs de sa patrie et de la chute de sa famille, par le partage impolitique de ses états, qu'il fit en 1424 entre ses trois fils; le premier reçut l'Imerethi, le second le K'arthli, et le troisième le Kakhéthi et le Chirvân. Il résulta de cet ordre de choses que ces princes ou leurs successeurs, n'étant pas assez forts pour résister aux états puissans de leur voisinage, en devinrent les vassaux, et furent obligés de leur payer des tributs, au lieu que si toute la partie de l'isthme caucasien, située sur le versant méridional des monts, était restée réunie sous un seul souverain, celui-ci, protégé par la bravoure des habitans et par les localités, aurait été en état de repousser avec succès toute agression étrangère.

Les Turcomans qui, vers la même époque, s'étaient emparés de la Mésopotamie, de l'Arménie et de la Perse occidentale, pesaient sur les pays caucasiens; ils forcèrent les rois de Kakhéthi de se reconnaître leurs vassaux. Le premier roi de K'arthli perdit la province d'Akhaltsikhé, dont le prince se rendit indépendant; en Imirethi, les princes de Ghouria et d'Odichi suivirent cet exemple. Yakoub beg, roi de Perse, qui régna vers la fin du xve siècle, établit de rechef des tribus mahométanes de race turque dans la partie méridionale de la Géorgie, leur donna un khan, et démembra de cette manière ce pays du royaume de K'arthli.

Les Sophi, qui succédèrent aux Turcomans en Perse, s'arrogèrent bientôt la suprématie sur les rois de K'arthli, ou de la Géorgie proprement dite; ceux-ci devinrent leurs vassaux, et furent comptés parmi les huit *vakil*, ou vicaires du chah de Perse. Alors le Chirvân, le Daghestàn, et presque tout le Caucase oriental, reconnurent la souveraineté persanne, tandis que l'influence des Turcs Ottomans se répandit sur l'Imiréthi, l'Akhal-tsikhé, et la partie occidentale des montagnes. Ces deux puissances y laissèrent gouverner, sous leur protection, les princes indigènes, dont la plupart, à l'exception des rois d'Imiréthi, embrassèrent la religion musulmane. Depuis cette époque, tous les pays caucasiens furent presque constamment le théâtre des luttes qui eurent lieu entre les Persans et les Turcs, dont l'inimitié, produite par le schisme qui divise les chiites et les sounnites, alla toujours en s'augmentant.

Le zèle religieux des Géorgiens, et la crainte qu'ils avaient de tomber entièrement sous le joug de leurs voisins musulmans, leur fit rechercher secrètement l'alliance de la Russie, qui, sous le règne brillant d'Ivan Vassiliévitch, avait étendu sa puissance jusqu'au pied du Caucase. Les Tcherkesses du Bech-tau s'étaient déjà, en 1555, déclarés vassaux de ce prince et de ses successeurs, pour se soustraire aux violences du khan de Crimée. Une ambassade géorgienne demanda, en 1589, le secours de la Russie contre les Turcs, qui, en guerre avec la Perse, s'étaient emparés de presque tout l'isthme caucasien, et dévastaient les provinces limitrophes de la Perse et les pays des vassaux de ce royaume. Le chah proposa en même temps au czar d'étendre sa domination au sud du Terek jusqu'à la frontière des états du Chamkhal, dans le Daghestân septentrional, et jusqu'à celle de la Géorgie, parce que les mahométans sounnites du Caucase avaient pris le parti des Turcs contre les Persans chiites. Le chah promit en même temps de remplir la promesse donnée par son père de céder à la Russie les villes de Bakou et de Derbend, qu'il avait arrachées aux Turcs. Cependant l'alliance projetée contre la Porte n'eut pas lieu à cette époque, parce que la cour de Moscou n'était pas disposée à rompre tout-à-fait avec les Ottomans; elle ne cherchait qu'à produire dans l'orient une diversion en faveur de l'Autriche, réduite à de fâcheuses extrémités en Hongrie, et à faire sa paix avec les Polonais par la médiation du pape.

Alexandre III, roi de Kakhéthi, quoique sujet de la Perse, se mit, en 1586, sous la protection du czar Féodor Ivanovitch, qui envoya alors en Géorgie un émissaire russe, chargé d'explorer ce pays, et de recevoir le serment par lequel le roi, ses trois fils et tout leur peuple, se reconnurent sujets de la Russie. On convint que le Kakhéthi enverrait annuellement à la cour de Moscou cinquante pièces de brocard de Perse, et dix tapis brodés en or et argent, comme une marque de sa soumission. Le czar promit de son côté de protéger ce pays contre toute invasion étrangère. Cependant cette promesse ne fut jamais exécutée; Féodor Ivanovitch refusa même aux Géorgiens les fondeurs de canons qu'ils avaient demandés pour se former une artillerie, et leur envoya en place des images de saints; ce qui aurait passé pour une dérision chez un peuple moins stupide que les Géorgiens.

C'est pourtant sur cette première démarche des rois de Kakhéthi que la Russie a fondé postérieurement ses prétentions sur la possession des pays situés au delà du Caucase. Sous le règne de Boris Goudounov et sous celui de Michel Fédorovitch Romanov, les Tcherkesses renouvelèrent le serment de fidélité à la Russie, et, vers le milieu du xviie siècle, le roi d'Imiréthi se reconnut également vassal du czar. Tous ces actes de soumission n'avaient d'autre effet que de provoquer des invasions des Persans et des Turcs, ou des guerres civiles dans les contrées géorgiennes; elles ne reçurent de la Russie que de vagues promesses de secours; jamais un seul ba...

taillon russe ne franchit le Caucase pour aider ces peuples contre les ennemis qui mettaient tout à feu et à sang, et emmenaient les femmes, les filles et les jeunes gens en esclavage.

Vakhtang IV, roi de K'arthli, parvint au trône en 1658, et régna sur toute la Géorgie; son fils Artchil fut forcé par les Turcs de quitter ses états et de chercher un asile en Russie. Alors les chahs de Perse déposèrent et installèrent arbitrairement les rois de Géorgie. Vakhtang V, qui régna, en 1722, à Tiflis, s'opposa à un autre prince de sa famille, que le chah avait nommé roi de K'arthli; il fut chassé de sa capitale, et céda ses états aux Turcs, qui y entrèrent aussitôt, et firent un pachalik de la Géorgie. Vakhtang se rendit alors en Russie.

En 1717, Pierre-le-Grand, qui rêvait un commerce direct avec l'Inde, avait conclu un traité avec la Perse. Instruit des troubles qui bouleversaient ce pays, il chercha à donner plus de stabilité aux relations commerciales que son empire y entretenait, et à les étendre jusque dans l'Inde; cependant ces espérances furent trompées dès l'année suivante par l'invasion de Daoud-beg, prince des Lesghi, dans le Chirvân; ce chef occupa et pilla les villes de Kouba et de Chamakhi, et y fit massacrer tous les marchands, parmi lesquels se trouvaient trois cents Russes. La perte que cet événement fit éprouver aux négocians moscovites montait à quatre millions de roubles, ou plus de seize millions de francs. Ce fut en vain que Pierre adressa ses réclamations au chah. qui lui-même était alors dans une situation critique.

Menacé par les Afghans et enfermé dans sa capitale, ce prince infortuné se vit au contraire forcé de demander un prompt secours au czar. En 1722, ce dernier entra à la tête d'une armée de cent mille hommes dans les provinces persannes situées sur la côte occidentale de la mer Caspienne, prit Tarkou, Derbend et Bakou, et conclut, l'année suivante, avec l'ambassadeur du chah, un traité par lequel ce monarque céda à la Russie les provinces de Daghestân, Chirvân, Ghilân, Mazanderân et Astrabâd, ainsi que la ville de Chamakhi, encore entre les mains des Turcs, alors en guerre avec la Perse. La paix entre la Russie, la Perse et la Porte fut signée en 1724, et les limites réciproques furent réglées quelque temps après.

Pierre, s'étant convaincu par l'expérience que le commerce, dans des pays qui ne sont pas gouvernés d'après les principes invariables de l'équité, et dans lesquels le droit du plus fort est le seul respecté, ne pouvait jamais prospérer, abandonna ses projets de relations commerciales avec l'Inde, mais il garda les provinces qui lui étaient échues par la paix. Les Turcs possédaient alors la Géorgie, l'Adzarbaitchân et les villes d'Ardabad, de Tauris et de Hamadan. Le roi de Géorgie fut établi à Tiflis comme pacha.

A cette époque parut le fameux Thamas Kouli-khan, plus connu en Europe sous le nom de Nadir chah; il devint bientôt tout-puissant, et gouverna la Perse au nom du chah. Il battit le seraskier Kuperly-oghlou à Erivân, chassa les Turcs de plusieurs cantons de la Géorgie, plaça un khan à Tiflis, et rendit bientôt après ce royaume à un prince de la famille de ses anciens souverains.

Nadir chah renouvela le traité de commerce conclu avec la Russie en 1723, et cette puissance, convaincue de l'*inutilité* des provinces qu'elle avait démembrées de la Perse, les rétrocéda, et se borna à son ancienne frontière naturelle, formée par le Caucase et le Koï-sou inférieur. Nadir fit la paix avec les Turcs, et offrit à l'impératrice Anne sa médiation pour terminer la guerre qu'elle avait avec la Porte. Les conquêtes du maréchal Munich avaient déjà facilité sa conclusion; la paix fut signée en 1739 à Belgrad. Les deux Kabardah, occupées par les Tcherkesses, furent déclarées indépendantes, pour servir de rempart à la Russie, et on stipula que cette puissance ne pourrait avoir des vaisseaux de guerre sur la mer d'Azov. Mais les Kabardiens se réunirent bientôt aux Tartares de la Crimée, et adoptèrent la religion de Mahomet. Chah Nadir entreprit, en 1742, contre les Lesghi du Daghestân, une expédition qui ne paraît pas avoir été couronnée d'une réussite complète; cinq ans après il tomba sous le fer des assassins. Les troubles qui recommencèrent en Perse se firent aussi sentir en Géorgie, où régnait alors le célèbre roi Héraclius, ancien compagnon d'armes de Thamas Kouli-khan; il se fortifia dans son pays après la mort de ce conquérant, et acquit assez de puissance pour rendre tributaires quelques khans persans du voisinage.

La fausse politique d'Héraclius, qui voulait être bien avec tous les partis, prépara la perte de la famille royale de la Géorgie, et l'occupation de ce pays par la Russie. Vassal de la Perse, il se lia secrètement avec les Russes; ceux-ci envoyèrent, en 1769, un corps d'armée en Géor-

gie, sous la conduite du comte de Tottleben, pour prê-
ter secours au roi d'Imiréthi, chassé par les Turcs; mais
ce prince les avait déjà vaincus l'année précédente;
Héraclius se réunit aux Russes, et marcha avec eux
contre Akhal-tsikhé; ces alliés l'abandonnèrent, et lui
laissèrent seul la peine de battre l'ennemi. Tottleben se
dirigea alors contre l'Imiréthi, reprit Khouthaissi et
d'autres forteresses occupées par les Turcs; ayant échoué
devant Pothi, il quitta la Géorgie avec ses troupes en
1772. Depuis ce temps les Turcs ne cessèrent d'inquiéter les états d'Héraclius, ou bien excitèrent les Lesghi et
autres peuples des montagnes à y faire des incursions.
Héraclius se vengea en pillant et dévastant d'une manière cruelle les cantons turcs limitrophes. Enfin, il fit
sa paix avec la Porte, par l'entremise du chah, et reçut
des présens de Constantinople.

La Russie s'étant emparée, en 1782, de la Crimée et
des pays situés entre la droite du Kouban et la mer
d'Azov, devint, par cette extension de territoire, limitrophe avec le Caucase occidental. Héraclius croyant ce
moment favorable pour refuser l'obéissance au successeur de Kerim-khan, régent de la Perse, se déclara vassal
de l'empire russe, par un traité conclu à Gheorghievsk,
le 24 juillet 1783. Cette puissance, qui depuis long-temps
avait travaillé en vain à étendre son pouvoir dans les monts
du Caucase, ne tarda pas à envoyer des troupes en Géorgie, sous le prétexte de garantir ce pays contre les invasions
de ses voisins.

L'impératrice Catherine, régnant elle-même sur
une nation de serfs, que leurs maîtres, à cette époque,

vendaient à tant la pièce, prit un tendre intérêt à ses nouveaux sujets; elle ne voulut plus que ni les Géorgiens ni les Géorgiennes fussent vendus aux Turcs et aux Persans. Cependant, pour les habitans des pays caucasiens, être conduit à Constantinople est un moyen de parvenir; ceux qui restent dans leur pays ne sont pas moins esclaves que ceux qui en sont enlevés, et ils y traînent une vie plus misérable. Les pays mahométans leur offrent au contraire une carrière où ils peuvent atteindre à un sort brillant, soit par leur bravoure, soit par la protection de leurs maîtres, qui récompensent ordinairement les bons services de leurs esclaves en leur accordant la liberté, et souvent en les plaçant dans une situation très avantageuse.

Certainement un esclave vendu à un étranger trouve cent moyens de parvenir à une existence heureuse, au lieu que le serf, attaché à la glèbe dans sa patrie, n'a pas souvent l'occasion de voir son maître, et reste ainsi privé des moyens de montrer son intelligence et les autres qualités qui ailleurs pourraient améliorer son sort.

Dans un pays où les femmes sont enfermées, où l'amour ne dirige pas le choix dans les mariages, et où les parens vendent leurs filles en leur donnant un époux; dans un tel pays une fille doit désirer de tomber en partage au plus opulent, qui peut lui rendre la vie agréable par ses richesses; or il n'y a pas un pays plus pauvre que la Géorgie, et le désir secret de la plupart des femmes géorgiennes sera toujours de demeurer dans un harem turc ou persan. Par un élan de philanthropie, on s'apitoie en Europe sur les malheurs imaginaires de ces pauvres victimes, qu'on arrache des bras de leurs parens pour les livrer aux infidèles ; mais des enfans peuvent-ils aimer et regretter des parens capables de les vendre ?

A l'époque où Héraclius (1783) se soumit à la Russie, la Perse était trop affaiblie par des troubles intérieurs pour le punir de sa défection. Ce ne fut que douze ans après qu'Agha Mohammed-khan vint venger cette insulte ; il entra, en 1795, dans le Karabagh, et invita le roi de Géorgie à reconnaître la suprématie de l'empire d'Irân. Sur son refus, il dirigea sa marche contre Tiflis. Héraclius dépêcha messager sur messager au comte Goudovitch, commandant des forces russes au nord du Caucase, pour lui demander de prompts secours ; pas un seul homme n'y arriva. L'infortuné roi, résolu de défendre sa capitale, fut défait, et forcé de se réfugier dans les montagnes. Les Persans entrèrent dans Tiflis, pillèrent et détruisirent tout, et emmenèrent une grande partie des habitans en esclavage.

L'impératrice de Russie, plus secourable que son général ne l'avait été, déplora le désastre de la Géorgie, et fit marcher ses troupes contre les Persans. Le général Valérien Zoubov entra dans le Daghestân, et s'avança jusqu'à l'embouchure du Kour. Les Persans furent obligés de rendre une partie des prisonniers faits à Tiflis, et la tranquillité fut rétablie. La mort de Catherine, arrivée en 1796, mit fin aux hostilités contre la Perse. Paul I, qui aimait à faire le contraire de ce que sa mère avait jugé convenable, rappela ses troupes du Daghestân, et leur fit aussi évacuer la Géorgie. L'année suivante, Agha Mohammed khan revint dans le Karabagh pour faire une seconde invasion en Géorgie ; mais il fut assassiné avant d'y entrer, et le repos d'Héraclius ne fut pas troublé. Ce prince vaillant mourut en 1798, et eut pour successeur son fils George XIII, qui était presque imbécille. Sous son règne, la Géorgie devint le théâtre d'incursions perpétuelles des Lesghi et des Turcs ; les frères du nouveau roi, étant mécontens de ce que leur père l'avait nommé pour lui succéder, excitaient partout des révoltes. Hors d'état de payer les Lesghi qu'ils avaient pris à leur solde, ils leur abandonnaient les villages géorgiens, qui furent pillés et rasés. Alors quelques princes et des nobles du pays dépêchèrent en secret des émissaires à Saint-Pétersbourg pour proposer à l'empereur de déclarer leur pays province russe. C'était ce qu'on attendait depuis longtemps. Paul envoya de nouvelles troupes à Tiflis, et fit signer au roi George l'acte par lequel il soumettait son pays au sceptre de la Russie. Après la mort de ce prince, qui arriva en 1800, la cour de Saint-Pétersbourg nomma son fils, David, gouverneur de la Géorgie par intérim ; il y resta jusqu'à l'avènement de l'empereur Alexandre au trône. Ce monarque déclara, en 1802, la Géorgie province russe, et fit conduire tous les princes de la famille royale en Russie, où on leur assigna des pensions et de hauts grades militaires.

On comprit très bien à Saint-Pétersbourg que la possession seule de la Géorgie ne serait pas profitable, et que, pour s'y soutenir à la longue, il faudrait soumettre tous les pays situés entre la mer Noire et la mer Cas-

pïenne. On commença donc par la conquête du Daghestân, du Chirvân et du Karabagh. Par ce moyen, le pays
des Leghi, et tout le Caucase oriental, furent entourés
par les possessions russes et par la ligne militaire qui traverse la chaîne du Caucase, en suivant les vallées du
Terek supérieur et de l'Aragvi. Le but des Russes était
aussi de se soumettre tout le pays au sud du K'arthli,
jusqu'à l'Araxes; cependant deux expéditions, dirigées
en 1804 et 1808 contre Erivân, ne furent pas heureuses;
on prit en attendant des positions fortifiées dans les montagnes de Pambaki. L'Imiréthi fut placée dans la même
année sous la protection de la Russie, et la Mingrélie, qui
s'était déjà soumise précédemment, fut également occupée par des troupes russes. Plus tard, ces deux contrées
furent déclarées provinces de l'empire.

Dans la dernière guerre entre la Russie et la Porte, la
première s'était emparée de toutes les forteresses situées
sur la côte de la Mer-Noire, entre l'embouchure du Phase
et du Bosphore Cimmérien. Les Turcs, qui, en 1812,
s'étaient intempestivement empressés de signer la paix
de Bukharest, exigèrent au moins la restitution de ces
forteresses, que leur promettait solennellement un article du traité; mais deux seulement, Anapa et Pothi,
leur furent remises; la Russie garda les autres sous le
prétexte que les Turcs n'avaient pas évacué la Moldavie
et la Valachie. La guerre avec les Persans fut aussi terminée en 1813, sous la médiation de l'Angleterre, par le
traité de Gulistân. Le chah renonça par cet acte à toute
prétention sur le Daghestân, sur les khanats de Kouba,
Chirvân, Chamakhi, Bakou, Sallian, Talichah, Kara-

bagh ou Chouchi, et Gandja, qu'il céda à la Russie, de même que ses droits sur le Chouragheli, le K'arthli, le Kakhéthi, l'Imiréthi, le Ghouria, la Mingrelie et l'Abazie. De grands priviléges furent accordés au commerce russe dans les états du chah, et cette puissance obtint seule le droit d'avoir des vaisseaux de guerre sur la mer Caspienne.

C'est ainsi qu'après cent ans les plans de Pierre Ier se trouvent exécutés; l'avenir nous apprendra si ces conquêtes contribueront à la prospérité de l'empire russe; et si leur possession peut être regardée comme assurée aussi long-temps que le Caucase restera libre, et habité par des peuplades dont la haine invétérée contre les Russes est loin d'être apaisée. Il paraît aussi que plus la Russie soumet de provinces mahométanes, dont les habitans sont accoutumés à vivre de brigandage, plus elle se crée d'ennemis, et plus il lui faudrait de troupes dans ces pays pour les contenir.

CHAPITRE III.

Géographie physique. — Direction générale de la chaîne du Caucase.
— Subdivision de cette chaîne par bandes parallèles. — Chaîne
principale ou granitique. — Bandes schisteuses. — Bandes calcaires.
Chaînes des promontoires. — Division naturelle du Caucase en
quatre grandes portions. — Résultat du nivellement barométique de
la vallée du Terek et de celle de l'Aragvi. — Montagnes du Daghestân. — Vallées de la chaîne principale. — Productions naturelles.

Le faîte du Caucase présente un développement de
200 lieues (de 20 au degré) de longueur, sur 25 à 30 de
largeur. Cette chaîne de montagnes commence à l'O.,
près du fort turc d'Anapa, sur la mer Noire, par 35°
long. E., et 44° 50′ lat. N., et finit à l'E., à la presqu'île
d'Abcherôn, sur les bords de la mer Caspienne, par 46°
35′ long. E., et 40° 40′ lat. N. La direction générale de
cette chaîne est du N-N-O. au S-S-E. A l'occident, elle se
lie avec les montagnes de la Crimée par une communication sous-marine ; à l'orient, une semblable communication, moins marquée à la vérité, paraît exister entre
les ramifications du Caucase qui atteignent la mer Caspienne à Tarkou et à Bouinaki, et les monts Balkan,
situés sur la côte orientale de cette mer. Le Caucase se

perd au nord dans les steppes du Kouban et de la Kouma ;
au sud, il est limité par des vallées dans lesquelles coulent le Rioni, la Kvirila, la Tchérimela et le Kour, depuis le point où il commence à se diriger vers le SE., et
qui est le plus septentrional de son cours.

Nous n'avons que très peu de données sur la nature
des montagnes caucasiennes ; cependant les vallées du
Terek et de l'Aragvi, qui, dans des sens opposés, les
traversent dans toute leur largeur, nous sont suffisamment connues. J'ai examiné avec soin celles de l'Ouroukh, du Rioni supérieur, et de plusieurs autres rivières, qui coupent en partie le Caucase ; elles montrent
les mêmes faits géognostiques que les vallées dans
lesquelles coulent le Terek et l'Aragvi ; cette analogie
bien démontrée nous fait conclure que les autres parties de la chaîne sont conformes à celles qui ont été dé-
crites par Guldenstaedt, par MM. Parrot et Engelhardt,
et par moi-même. Cette analogie conduit aux résultats
suivans :

Le massif de la chaîne du Caucase se divise, sur toute
sa longueur, en trois larges bandes presque parallèles
les unes aux autres, et disposées verticalement. La
principale, ou la plus haute, est celle du milieu. Le
massif total est accompagné de chaque côté d'une suite
de promontoires. Ceux du nord ont, dans leurs parties
les plus élevées, une largeur de 8 à 9 lieues ; une vallée
argileuse, large de 5 à 6 lieues, sépare ces promontoires
du massif de la chaîne. Vers le nord, ces promontoires
s'abaissent au niveau de la chaîne argileuse, qui se
prolonge jusqu'au Don et jusqu'au Volga. Dans plusieurs

endroits, cette suite de promontoires est coupée par les
vallées, des fleuves et des rivières, qui sortent du massif,
et coulent dans la plaine, au nord du Caucase. Souvent,
et surtout dans les endroits où ces rivières sont très
proches les unes des autres, les promontoires disparais-
sent tout-à-fait, par exemple, aux points où la Malka, le
Baksan et le Terek quittent les hautes montagnes. Ces
promontoires se composent principalement de grès de
couleur grise, couvert d'un sol fertile. Leurs sommets
sont unis, plats, et communément couronnés de chênes
et de hêtres. Rarement ils sont assez élevés pour que le
calcaire, composant la seconde couche, puisse s'y montrer. On n'observe ce dernier fait que sur le Bech-tau,
entre les rivières qui forment la Kouma supérieure. On
trouve dans ces promontoires des marcassites, du sou-
fre, des sources sulfureuses chaudes et froides, du pé-
trole, du sel, de la soude, des hydrochlorates et des car-
chouates de soude, de la magnésie sulfurée, des terres
alumineuses et vitriolique, du gypse, et, si l'on excepte
un peu de minerai de fer, on n'y rencontre point de
métaux.

La chaîne principale du Caucase, prise dans sa totalité,
se dirige généralement de l'O.-N.-O. à l'E.-S.-E., sauf quelques déviations peu sensibles. C'est dans le voisinage de la
mer Caspienne et surtout de la mer Noire, qu'elle s'abaisse
au niveau des plaines; elle est granitique. Sa crête est partout couverte de neige et de glaces éternelles. Quelques
unes de ces cimes n'offrent que des roches pelées, dont le
point culminant atteint la région des nuages, et où l'on
n'aperçoit aucune production végétale. La roche qui

compose cette bande offre, dans sa structure, sa couleur et le mélange de ses parties, des variétés infinies; elle contient souvent des masses énormes de porphyre, d'amphibole et de gneiss. C'est principalement le porphyre qui se montre sur les hautes cimes bordant les vallées; sa forme est basaltique. Cette bande centrale a rarement plus d'une à deux lieues de largeur. De même que la partie septentrionale du massif du Caucase est plus escarpée, et s'abaisse au niveau des plaines par un mouvement plus brusque que celle du midi, de même aussi la bande granitique est plus escarpée au nord qu'au sud.

Les deux bandes les plus voisines de la granitique sont schisteuses, et, dans plusieurs endroits, couronnées de glaciers. D'autres cimes de ces bandes, quoique moins élevées, sont, comme les précédentes, très escarpées, et atteignent une hauteur considérable. La bande schisteuse du nord a une lieue et demie et deux lieues de largeur, et se compose persque entièrement de schiste argileux. Celle du sud, plus large, l'est souvent de trois et même de quatre lieues. Le schiste y est fréquemment interrompu par des masses de porphyre, et du porphyre basaltique, qui forme les cimes les plus hautes. Quelquefois il est coupé par des bandes calcaires très larges, qui le traversent du S.-E. au N.-O. Ces monts schisteux sont généralement séparés les uns des autres par des ravins profonds et étroits, où les neiges ne fondent jamais; ainsi on peut les considérer comme les réservoirs qui donnent naissance aux principales rivières du Caucase. Leurs flancs sont couverts de pins clairsemés, de bouleaux et de genevriers, qui diminuent en allant vers le sommet.

Les parties moyennes de la hauteur offrent des plantes alpines, et, dans quelques endroits, de bons pâturages.

Aux bandes schisteuses succèdent les bandes calcaires; celle du N.-E. est moins haute que celle du S. Elles ont à peu près 4 lieues de largeur chacune du N. au S., et sont partagées en plusieurs rangées de montagnes, qui semblent non pas entassées confusément, mais rangées l'une à côté de l'autre. La roche n'a pas la même épaisseur partout; celle de la bande N. est d'un blanc jaunâtre, d'un grain fin et serré, et pose immédiatement sur les couches schisteuses ou porphyritiques. Ces bandes offrent fréquemment des veines de métaux et d'autres minéraux. Leurs sommets sont aplatis et revêtus pour la plupart d'une couche argileuse, et, en plusieurs endroits, garnis de hêtres et d'autres arbres. Les sources salées y sont rares. La bande calcaire du S. n'a que 5 lieues de largeur. La roche y est moins pure que dans la bande septentrionale; elle est mêlée de particules terreuses et pierreuses. Cette bande est plus riche en métaux que la septentrionale, et plusieurs de ses mines ont été exploitées avec profit.

La bande calcaire du N. est terminée par une terrasse de 4 à 6 lieues de largeur, dont la surface est presque partout argileuse et fertile. La bande calcaire du S. se confond également avec une terrasse argileuse de 5 à 6 lieues de largeur; celle-ci n'est interrompue que par deux chaînons transversaux, l'un oriental, qui suit la gauche de l'Alazani; l'autre occidental, qui sépare le bassin du Rioni de celui du Kour. Ces chaînons se prolongent jusqu'aux promontoires qui dépendent du massif. Chacun de ces chaînons a 8 lieues de largeur ; l'espace qui les sépare est la Géorgie. Au delà du chaînon transversal de l'est, la terrasse n'est coupée par aucune élévation ; le massif du Caucase le sépare des Alpes qui se dirigent vers la mer Caspienne. L'Alazani et d'autres rivières y ont la plus grande partie de leur cours. Le bassin du Rioni ou Phase, qui s'ouvre à l'O. du chaînon occidental, va se terminer au Pont-Euxin. Ces montagnes transversales sont composées en grande partie de schiste et de grès calcaire.

La chaîne des promontoires ou gradins méridionaux, qui court parallèlement au massif principal, a une largeur de 8 à 9 lieues du S. au N. Quoique ces gradins soient composés de grès, de même que les promontoires septentrionaux, le calcaire s'y montre à nu dans les parties les plus saillantes. On peut donc les ranger dans la classe des hauteurs qui contiennent du calcaire arenacé. C'est sur les rives du Yori, de l'Alazani et du Kour inférieur, que ces promontoires commencent à s'abaisser. Leur partie la plus haute est aux environs de l'embouchure du Grand-Liakhvi, où ils sont coupés par le Kour. Les promontoires septentrionaux s'abaissent au niveau des plaines à mesure qu'ils s'approchent du Kouban et du Terek inférieur, et finissent par n'offrir qu'une vaste lande dépouillée de bois, où le sol ne consiste qu'en argile sablonneuse, imprégnée de sel. Jusqu'aux rives du Manytch, on appelle cette lande la steppe du Kouban ; dans les environs de la Kouma, elle prend le nom de cette rivière, et occupe l'espace compris entre le cours inférieur du Don et celui du Volga. Les promontoires méridionaux

finissent également par s'abaisser au niveau d'une grande
plaine argileuse, mais plus au sud cette plaine commence à s'élever vers les gradins septentrionaux des
monts Tchildir, ainsi que vers ceux de Pambaki et du Karabagh, de sorte que l'intervalle qui se trouve entre les
montagnes du Caucase et celles qui viennent d'être nommées, présente un plateau très élevé, qui n'a guère plus
de 3 lieues de largeur.

Le Caucase se divise naturellement en quatre grandes
portions séparées par les vallées des principales rivières.

La première et la plus occidentale est comprise entre
la mer Noire et le cours supérieur du Rioni. Elle se termine à l'E. par la haute cime de l'*Elbrouz*, qui est un glacier immense et le plus élevé du Caucase ; car il a,
d'après les observations de Vichnevski, 16,700 pieds
(5425 mètres) au-dessus du niveau de la mer. Personne
n'a encore atteint la cime de cette montagne gigantesque, et les Caucasiens croient que l'on n'y peut parvenir sans une permission particulière de Dieu ; ils disent
aussi que ce fut là que l'arche s'arrêta d'abord, et qu'ensuite elle fut poussée sur l'Ararat. A l'ouest de l'Elbrouz,
la hauteur de la chaîne principale diminue, et ne montre
que rarement des glaciers. Au nord, elle donne naissance
au Kouban et à tous ses affluens méridionaux ; les plus
considérables de ces derniers sont le Zelentchouk, l'Ou
roup, la Laba, la Chagwacha, le Ptchats, le Soup, le Kara
Koubán ou Afips, l'Oubin et l'Ata-koum. De son versant
méridional découle le Tzkhénis-tsquali, qui tombe dans
le Rioni, le Khorghi, le Tchani, l'Engouri ou Ingouri, le
Ghalikavi, l'Egrissi, le Mokvis tsquali, le K'hodori, le

Sokhoumi, l'Alatsi, le Zouphou, le Moutsi, le Kapoëthi, le Nakessi, l'Oanis, le Bouki, le Ghegherlik, le Tsakar, le Mit et le Bougour. Tous ces fleuves sont des torrens plus ou moins considérables, qui ont leur embouchure dans la mer Noire, sur les côtes de la Mingrélie et de la Grande Abazie. Cette partie occidentale du Caucase est coupée par plusieurs défilés qui permettent le passage ; les principaux sont environ à 8 lieues au S.-O. du village de Karatchaï, en remontant la vallée étroite dans laquelle coule le Teberdé, et qui se prolonge jusqu'aux montagnes de neige. Elle est formée à l'E. par le pied de l'Elbrouz, et à l'O. par celui du Djouman-tau. Après avoir traversé la crête du Caucase, on descend aux sources du Tzkhénis-tsquali, d'où l'on peut aller en Imiréthie et en Mingrélie. Une autre route conduit de la même vallée du Teberdé par le pays des Souanes aux sources de l'Engouri et à Bedia, sur l'Egrissi. De la partie supérieure de la grande Laba, deux chemins conduisent à travers la crête du Caucase dans la Grande-Abazie ; le premier à Mokvi, et l'autre à Kodori, villages situés près des sources des rivières du même nom. Un cinquième chemin enfin remonte la Chagwacha, traverse le Caucase, et mène à Sokhoum-kalah. Il faut remarquer que ces différens chemins, comme presque tous ceux qui traversent le massif de la chaîne caucasienne, ne sont praticables que pour des piétons, et en grande partie très pénibles.

La seconde partie de la chaîne principale du Caucase commence à l'E. de l'Elbrouz et aux sources du Rioni ; elle s'étend à l'orient jusqu'aux vallées du Terek et de l'Aragvi. Elle est excessivement escarpée et surmontée de glaciers. Sa première direction est de l'O. à l'E., jusqu'aux montagnes de glace dans le pays des Dougor, desquelles sortent les torrens qui forment l'Ouroukh, affluent du Terek. A la naissance du Djinaghi-don, le plus oriental de ces torrens, la chaîne change de direction et tourne vers le S.-S.-E., sous le nom géorgien de Kedéla, c'est-à-dire la muraille : en effet, elle forme en cet endroit une muraille composée de rochers couverts de neiges perpétuelles, qui finit aux sources du Ratchis-tsquali et du Kvirili. Au point où commencent ces rivières, la chaîne de glaciers reprend sa direction orientale, et va joindre la montagne gigantesque appelée Khokhi, au-dessous de laquelle le Terek a son origine. Cette partie porte les noms géorgiens de Brouts-sabdzeli (Magasin de paille hachée), et de Sek'ara (la porte). Du mont Khokhi, elle se dirige au S.-E. jusqu'aux sources de l'Aragvi, où elle forme le Djouaré-vakhé (montagne de la Croix). Les pays situés sur le versant N. de cette partie du Caucase sont la petite Abazie dans le bassin de la haute Kouma, l'Ossétie et une partie de la Kabardah. Ceux qui sont sur le revers opposé appartiennent à l'Imiréthi et au K'arthli. Les fleuves et les rivières sont, du côté du nord, la Kouma, le Podkoumka, son affluent; la Malka, le Baksan, le Tcheghem, le Tcherek, l'Ouroukh, l'Arre-don et le Fiag, qui coulent conjointement ou séparément à la gauche du Terek. Du côté du S., on trouve le Rioni, le Ratchis-tsquali et le Kvirili, deux rivières qui, après s'être réunies, tombent dans le Kour, les deux Liakhvi, le K'hsani et l'Aragvi.

Entre ces torrens, plusieurs contreforts du Caucase sont connus par des noms particuliers. On donne celui de Kachka-tau aux montagnes établissant le partage des eaux entre le Tcheghem et le Tcherek, et s'étendant jusqu'aux sources du Naltchik, tributaire de ce dernier cours. On appelle Lagat la haute cime avec laquelle commence la chaîne qui part du faîte principal, et sépare l'Arré-don du Fiag. La branche de la chaîne neigeuse, qui, sur la rive gauche du Terek, file vers le nord, se termine à 4 à 5 lieues de son point de départ par un pic couvert de neige et de glaces. Ce pic est appelé *Mquinvari* par les Géorgiens, et, par les Ossètes, *Ours-khokh*, c'est-à-dire *Mont-Blanc*. Il est connu en Europe sous le nom fautif de Kazbek, que les Russes lui ont donné, parce que le village de Stepan-tzminda, situé à l'est de son pied, est le **siége** d'un *kazi-beg* (1), chargé autrefois de garder le défilé dans lequel coule le Terek supérieur. La hauteur de cette montagne est de 14,400 pieds (4,419 mètres). Les monts Ouloumba et de l'Asmis-mtha séparent, dans une étendue de 20 lieues, et en partant du N., d'où descendent l'Arré-don, le Rioni et la Patsa, ou Grand-Liakhvi, les affluens du Rioni et du Kour. La branche qui, entre

---

(1) M. Gamba (*Voyage*, ii, 24) se trompe en disant : «Le général «Kaz-beg, qui a donné ce nom au village et à la montagne, etc.» *Kazi-beg* n'est qu'un titre ; le nom de la famille, dans laquelle la charge de Kazi-beg de la vallée supérieure du Terek était héréditaire, est *Tsobikata* en ossète, et *Tsobik'hani-chwili* en géorgien. Il est donc ridicule de dire, comme un journaliste l'a fait dernièrement, qu'un général russe avait donné son nom à une montagne.

le K'hsani et l'Aragvi, se dirige sur le S., prend le nom de mont Lordzobani.

Six communications traversent cette seconde partie de la chaîne caucasienne. La 1re et la 2e se dirigent le long des torrens qui forment l'Ouroukh, et conduisent du pays des Dougor à la province imiréthienne de Ratcha. Après avoir franchi les montagnes de neige, elles descendent dans les vallées du Rioni et du Rokwi, près de Glola : sur ce dernier torrent, un chemin conduit par Jghélé dans le défilé de Kasris-k'ari. La 3e mène de la grande Kabardah par la vallée de l'Arré-don à Kasris-k'ari, ou à la porte de Kasri, appelée aussi Kassara. Là, cette vallée était autrefois fermée par une muraille, dont on voit encore une partie. De cette porte, le chemin conduit par le pays des Ossètes de Sarmaghi et de Nara dans celui des Mammisson au sud-ouest, franchit les hautes montagnes entre le Kedéla et le Brouts-sabdzeli, et descend le long du Ratchis-tsquali : elle conduit du pays des Valaghir en Imiréthi. La 4e part aussi de la vallée de l'Arré-don, se dirige droit au S. par Kasris-k'ari, passe par le Brouts-sabdzeli, et va de là aux premiers affluens du Didi Liakhvi. La 5e remonte la vallée dans laquelle coule le Fiag, traverse le canton Ossète de Sakha et les monts de neige, et descend également vers le Liakhvi, qu'elle suit jusqu'à Krtskhinvali en Géorgie. La 6e enfin est celle de Mozdok à Tiflis, ou le chemin principal du nord du Caucase en Géorgie. C'est le seul qui est ouvert aux Russes; ils y ont établi une route militaire. Elle a été nivelée barométriquement, en 1818, par les ingénieurs russes, travail important pour la géographie (1). Cette route remonte la vallée dans laquelle coule le Terek supérieur, vallée fermée autrefois par la célèbre *Porte Caucasienne*, dont on voit encore les ruines près du fort de Dariela ou de Dairan, situé au milieu de la chaîne granitique dans une crevasse profonde. Ptolémée l'appelle *Porte Sarmatique*, parce que le chemin qui conduisait de l'Ibérie en Sarmatie y passait. Quelques savans ont cru voir la Porte Caucasienne dans la forteresse russe de Vladikavkas; mais c'est une erreur, car la vallée du Terek est trop large vers cet endroit pour qu'il eût été possible de la fermer par une muraille. D'ailleurs Vladikavkas est de la création du prince Potemkin; avant lui ce fort n'existait pas. Après avoir quitté le Terek à Kobi, ou traverse les glaciers du Caucase, et l'on des-

	Hauteur en toises et pieds.	
(1) Bords du Terek à Mozdok (43° lat. 44° 5′ long. E.).	81	72
Première élévation depuis Mozdok..............	160	30
Porte de Constantinovskoï....................	294	83
Aux montagnes de la Kabardah..............	443	10
Forteresse de la Vladikavkas..............	458	01
Baltach, ou Balta......................	535	03
Kaitoukhova ou Tchim inférieur..............	598	91
Laars, ou Gors.......................	648	74
Dariela (la *Porte Caucasienne*)............	717	19
Écroulemens de 1817...................	861	18
Stephan tzminda 42° 21′ 1″, 7° lat.)............	995	40
Gherghethi........................	1029	57
Cimetière du couvent...................	1201	90
Couvent de Zioni....................	1264	41
Kobi, poste.......................	1103	56
Ruines du couvent de Kobi.............	1143	69
Village de Baidar...................	1297	00

cend de la montagne de Gouda dans la vallée étroite, où l'Aragvi coule avec fracas. Elle conduit jusqu'au confluent de cette rivière et du Kour.

La troisième division de la chaîne principale est comprise entre la droite du Terek supérieur, et le point où la chaîne du Caucase tourne brusquement vers le sud, c'est-à-dire entre les sources du Qozloukhi ou de la Samoura supérieure, et celles des premiers affluens de droite du Koï-sou. Cette partie est moins haute que la précédente, quoiqu'elle montre encore des glaciers assez élévés. De son versant N. coulent les rivières suivantes, qui vont se joindre au Terek : le Ghaloun ou Koumbaleï, la Soundja, l'Assai ou Chalghir, le Martan ou Farthan des Kara-boulak, le Ghekhé, le Rochin, le Martan ou Farthan des Tchetchentses, le Grand Argoun, le Djalkh, l'Aksaï ou Yakhsaï, l'Ak-tach et le Koï-sou. De la pente S. viennent la rivière des Goudamaqari, l'Aragvi blanc, qui tombent dans l'Aragvi ; le Yori et l'Alazani, affluent du Kour, et le Qozloukhi, ou la Samoura.

	Hauteur en toises et pieds.	
A la montagne de la Croix (*).....................	1329	49
A la montagne de Gouda......................	1238	90
Kaichaour, poste.........................	963	93
Passanaouri.............................	619	57
Annanouri..............................	487	12
Douchethi..............................	491	01
Garthis-k'ari...........................	304	20
Mtskhétha..............................	278	26
Tiflis (41° 41' 40", 5° lat.).................	231	13

(*) Cette montagne s'appelle en géorgien *Djquar-waqé*, et en russe *Khrestowoï-gora*, ces deux noms signifient *montagne de la Croix*. Par une méprise singulière, M. Gamba (*Voyage*, II, 35.) a cru que *Khrestowoi-gora* signifioit montagne de *Saint-Christophe*.

Le principal passage qui traverse cette partie du Caucase vient du pays des Tchetchentses, entre la Soundja et l'Aksaï, remonte l'Argoun jusqu'à ses sources, et passe dans le territoire des Khevzouri et des Pchavi, d'où il entre dans la vallée de l'Aragvi et se réunit à la grande route de Tiflis.

La quatrième partie est le Caucase oriental, qui, des sources du Koï-sou, se dirige pendant 12 à 13 lieues au S., et retourne alors au S.-E., jusqu'à la presqu'île d'Abcheron, sur laquelle est située la ville de Bakou. Cette partie de la chaîne est encore considérée jusqu'au mont *Gattun-koul,* dans le territoire de Michkendjé, situé au S. ou à droite de la Samoura, comme faisant partie des montagnes neigeuses, quoiqu'elle soit ici moins élevée que la précédente, et qu'elle ne montre que peu de glaciers et de pics couverts de neiges éternelles. Au delà de cette première section, qui accompagne le cours du Qozloukhi, s'élève le haut glacier connu sous le nom de *Chah-dagh,* transformé par les Russes en *Chat-dagh* ou *Chat-gora.* Au N. de ce glacier et à l'O. de Kouba, se trouve le *Chah-Albrouz* ou *Chalbrouz,* pic très élevé. Les autres cimes principales, que l'on rencontre successivement en quittant le Chah-dagh, sont le Salavatdagh, le Baba-dagh, le Kaler-dagh ou Kaladahr, et le Belira-dagh : elles sont toutes granitiques ; sur les deux premières seulement la neige se conserve en tout temps. A l'O. du Belira-dagh, l'élévation des monts est évaluée de 1700 à 2000 toises ; à l'E., ils diminuent toujours de hauteur, et n'ont que peu d'élévation à leur extrémité orientale vers Bakou.

De cette partie E. du Caucase partent plusieurs branches qui filent vers la mer Caspienne. Pour donner une
orographie systématique de ces ramifications, il faudrait
nécessairement connaître le point où elles se séparent
de la chaîne principale; mais aucun naturaliste n'a
pu jusqu'à présent s'en approcher; et la crête de ces
montagnes est inaccessible aujourd'hui par les difficultés
qu'y oppose à tout voyageur européen la férocité des
Lesghi, ses habitans. Cependant la connaissance qu'on a
de la plupart des gradins inférieurs de ces montagnes
démontre qu'elles n'appartiennent pas à la classe des pri-
mitives, ni même à celle de seconde formation. Elles
sont composées de couches parallèles et peu anciennes
dans la série des révolutions du globe, quoique ces
monts paraissent avoir déjà subi de grands changemens
depuis leur existence. On a lieu de soupçonner que leur
crête se trouve dans le même cas; car sur tous les
points où l'on s'en est approché, on n'a remarqué aucun
indice du voisinage des monts primitifs, même parmi
les fragmens épars sur le haut de ces montagnes. Les
habitans des cantons qu'elles environnent, surtout ceux
de Chamakhi, tirent leurs meules, qui sont une espèce
de pierre granitique, des monts qui appartiennent aux
chaînes de *Pambaki* et du *Karabagh,* entre le Kour et
l'Araxes, ce qui annonce qu'ils ne connaissent dans les
montagnes de leur pays aucune espèce de pierre qui
égale le granit en dureté. L'éloignement de ces monts
du noyau du Caucase et leur voisinage de la mer Caspienne, ainsi que des vastes plaines argilleuses et salées,
qui de là se prolongent vers le nord, servent en quelque

façon à expliquer leur récente origine. On n'y rencontre ni granit, ni gneiss, ni schiste, ni la moindre production volcanique.

Les montagnes les plus avancées vers la mer Caspienne sont formées de couches épaisses et presque horizontales d'une pierre calcaire composée en entier de petites coquilles : à peine aperçoit-on les indices de la substance qui les a ainsi aglutinées. Entre le Roubas et l'Ata-tchaï, où la plaine sépare la mer des montagnes, la bande des monts calcaires est interrompue, et on ne la retrouve que vers la presqu'île d'Abcheron, d'où elle continue, sans interruption, à suivre les bords de la mer, jusqu'à ce qu'elle se confonde avec la plaine baignée par le Kour. On voit en beaucoup d'endroits la roche calcaire à nu, et souvent en masses énormes, éparses le long des coteaux et sur la pente des montagnes. Plusieurs des hauteurs voisines de la mer, sur le chemin de Bakou à Sallian, sont tellement chargées de fragmens de rochers, qu'on les prendrait au loin pour de vastes amas de ruines, qui s'élèvent en amphithéâtre du pied de la montagne jusqu'à son sommet.

Derrière les montagnes calcaires, il y en a d'autres à couches argilleuses, qui composent la plus haute masse du Caucase oriental. Les couches observent ordinairement la direction de l'O. à l'E., avec une médiocre déviation vers le nord et le sud. Elles sont constamment très inclinées à l'horizon, avec lequel elles font souvent un angle de 50°, dont le sommet regarde le N. Les monts d'argile et de marne glaiseuse se reconnaissent à des pentes très roides et à des vallons étroits formés par les

torrens, qui se creusent facilement un lit étroit et profond dans un terrain mol et glaiseux. Les couches sont
communément feuilletées comme l'ardoise; leur dureté,
leur texture, leur couleur, leur gravité spécifiques, va-
rient à l'infini dans quelques endroits, principalement
sur les confins des monts calcaires. On y aperçoit des
traces de corps organiques.

Un des promontoires du Caucase les plus avancés vers
l'E., est le mont *Bich-barmak,* à 17 lieues au N. de Bakou,
et à une demi-lieue des bords de la mer Caspienne. Son
nom, qui signifie en turc cinq doigts, lui a été imposé à
cause de ses cimes pointues. La roche est une espèce de
schiste calcaire marneux mélangé d'ocre, qui lui donne
une couleur jaune. On y voit ça et là des pierres à fusil,
mais on n'y rencontre pas autant de marcasites qu'il y
en a ordinairement dans les montagnes de cette nature.

Un autre promontoire très élevé du Caucase, au N.-O., est
le *Bech-tau;* son nom signifie les cinq monts. Comme toutes
les hauteurs situées entre la Kouma et le Podkoumok,
ces monts sont composés de calcaire primitif. Leur pied
est couvert de forêts, qui, vers le milieu, s'éclaircissent,
diminuent de hauteur, et finissent par disparaître entièrement. La roche principale du sommet est du porphyre
siénise. Sa hauteur est de 677 toises (1319, 50 mètres)
au dessus du niveau de la mer Noire.

Retournons à la chaîne principale ou aux Alpes du
Caucase. Aux pieds des cimes neigeuses on trouve des
habitations humaines, que quelques arpens de terre la-
bourable, des buissons et des prairies peu étendues ont
invité à y établir. Dans les vallées qui séparent ces mon-

tagnes neigeuses, on voit des glaciers, qui semblent reposer sur un mélange de glace et de blocs de rochers.
Les vallées sont fermées à leurs extrémités supérieures
par des glaçons qui, entassés les uns sur les autres comme
des couches de roches, semblent devoir leur origine à de
l'eau de neige alternativement fondue et gelée de nouveau.
Ces masses gelées sont supportées par des arcades de
glaces, où les torrens prennent leurs sources et roulent
avec un fracas affreux, que l'on entend quand on passe
sur ces voûtes. En descendant de ces glaciers on rencontre des champs de neige qui couvrent des couches de
glaçons. Le massif granitique et schisteux, souvent coupé
par des basaltes, est contigu à d'autres rochers de schiste
noir tabulaire, qui s'élèvent en pics aigus et nus, séparés
par des crevasses profondes, où l'on rencontre fréquemment des neiges et des glaces perpétuelles. Dans les ravins
qui coupent ces bandes schisteuses coulent des ruisseaux ;
on y trouve des pins, des genevriers, des bouleaux, arbres particuliers à la zone froide ; mais ils n'y sont pas
nombreux. Les hauteurs moyennes sont tapissées de
plantes alpines qui donnent d'excellens pâturages. Le
schiste, dans les endroits où il tient au calcaire, offre
beaucoup de veines de spath et de quartz, qui sont généralement des gangues de métaux, et qui contiennent de la
galène, souvent très riche en argent, des pyrites cui-
vreuses, sulfureuses, arsenicales et du bismuth. Ce schiste
est immédiatement suivi du calcaire, qui est de la nature
du marbre, tantôt plus fin, tantôt plus grossier, et presque toujours de couleur blanche. Les forêts touffues de
hêtres et d'autres grands arbres, donnent de loin à la

bande calcaire un aspect sombre, qui lui a valu, de la part des Russes et de divers peuples habitant au nord du Caucase, le nom de *Montagnes Noires*. Dans le grès des promontoires du nord on voit souvent des coquilles pétrifiées, qu'on n'a encore trouvé ni dans le calcaire même, ni dans le schiste du Caucase. Les parties les plus hautes de ces promontoires sont généralement boisées.

Les ravins les plus considérables du Caucase S. se dirigent principalement du S. au N., et sont traversés par de grands torrens, qui sortent des montagnes neigeuses. Indépendamment de ces crevasses, il y a, notamment dans les parties de la bande neigeuse la plus haute, des ravins latéraux, qui se réunissent presque toujours, au S.-O. ou au S.-E., aux ravins principaux, ce qui partage la surface de la chaîne en losanges. Dans ces ravins latéraux, coulent des ruisseaux et de petites rivières, qui reçoivent généralement leurs eaux de l'intérieur des monts, et les versent de deux côtés dans les courans principaux; leur surface n'est pas escarpée; elle présente plutôt une pente douce : ils sont couverts, à quelques pieds de profondeur, d'une argile jaune, ce qui facilite le moyen de les cultiver ; c'est là que la plupart des villages sont situés. Les vallées principales ont ordinairement des pentes très roides ; elles sont beaucoup moins communes que les ravins latéraux, et toujours éloignées de quelques lieues l'une de l'autre ; elles se terminent presque toujours au N. de la chaîne de glaciers, à l'exception de celles du Terék, de l'Assaï et de l'Argoun ; car ces rivières prennent leur source dans la bande schisteuse méridionale de la ligne de séparation.

Dans le pays des Ossètes-Dougor, le long de l'Ouroukh, le schiste forme au-dessous du granit des couches épaisses de plusieurs toises; il est d'un noir brillant, et se fend aisément. En s'approchant du calcaire, le schiste est de couleur hépatique, brillant, moins compact et plus grossier; il paraît être alumineux. Le calcaire est en couches larges de quelques pieds, et s'abaisse un peu vers le N. Les montagnes dont les extrémités aboutissent aux rivières sont composées de couches de cailloux roulés, hautes de vingt toises et davantage, et entremêlées d'argile et de granit, qui leur donnent plus de solidité : mais quand les flancs des montagnes sont baignés par les rivières et très escarpés, ils n'offrent pas ces couches d'allusion, parce que l'eau, rendue plus rapide par le rétrécissement de l'espace où elle coule, les a entraînées dans son cours; plus on approche de la sortie des montagnes, plus les cailloux de ces couches diminuent de grosseur. Les forêts qui couvrent les promontoires du Caucase, ainsi que les bandes calcaires et schisteuses de son massif principal, diminuent à mesure que l'on s'élève vers les glaciers; les pins mêmes finissent par disparaître tout-à-fait. Le sol y est tapissé de mousses touffues, mêlées des *vaccinium vitis idæa* et *myrtilus*, de *pyrola secunda*, et d'autres plantes basses qui trouvent sur ces hauteurs glacées leur climat naturel. Des bouquetins et des chamois errent près des sources des grandes rivières. Les cerfs, les daims et les auerochs habitent à l'entrée des montagnes calcaires et dans les promontoires. Le loup, le renard, le chat sauvage, le lynx et l'ours, vivent dans les forêts des bandes secondaires, mais n'y sont pas communs; il y a aussi des hérissons, des lièvres et des rats. On aperçoit très peu d'oiseaux dans les hautes montagnes; on n'y rencontre que des choucas et des geais; le verdier saute solitairement entre les rochers. Les montagnards n'élèvent d'autres oiseaux domestiques que des poules, des canards et des oies; et seulement en petite quantité, à cause du dégât qu'ils font dans les champs. On n'y voit guère que deux espèces de poissons, le barbeau et la truite saumonée; le premier remonte peut-être de la mer Caspienne, de même que le saumon, que l'on prend aussi dans les rivières des hautes montagnes pendant l'hiver; mais la truite est un poisson particulier à ces contrées. On ne rencontre parmi les amphibies que la grenouille et le lézard, commun dans les prairies. Le Caucase est très pauvre en insectes, à l'exception de quelques espèces de mouches. Dans la bande secondaire, et dans les plaines qui lui sont contiguës, les taons sont très communs, mais on n'y trouve ni cousins, ni moucherons, qui sont un vrai fléau sur les bords du Terek inférieur.

Les lacs, ordinairement fréquens dans les hautes montagnes, sont très rares dans le Caucase, parce que la disposition régulière de cette chaîne et sa direction constante sur une seule ligne, du N.-O. au S.-E. s'opposent à ce qu'il s'y rencontre des vallées fermées, dans le fond desquelles pourraient se réunir les eaux, et former des lacs avec ou sans écoulement. Nous ne connaissons dans les Alpes du Caucase que le petit lac au S. du mont Khokhi, duquel sort le Patara Liakhwi.

CHAPITRE IV.

Habitans du Caucase.— Absurdité de la dénomination de *Race Cauca-*
sienne. — L'histoire ne nous fournit aucun renseignement sur une
émigration des habitans du Caucase. —Suppositions gratuites des
naturalistes.— Peuplades Lesghi.— Mitsdjéghi ou Kistes.—Ossètes
ou Iron, d'origine mède. — Tcherkesses. — Abazes. — Peuples
d'origine géorgienne.—Tribus turques. — Tableau de la population
des pays situés entre la mer Noire et la Caspienne. — Religion.—
Mœurs et usages.

———

Avant de donner un aperçu des nombreuses peuplades
qui habitent les montagnes et les vallées du Caucase, je
dois nécessairement dire quelques mots sur l'expression
de *Race Caucasienne*, par laquelle beaucoup de naturalistes, de géographes et d'historiens désignent la portion du genre humain dont les traits caractéristiques
sont les mêmes que ceux de la plupart des nations européennes. Une couleur de peau plus ou moins blanche,
des joues colorées, des cheveux longs et plats, blonds
ou bruns, le menton et le front plus saillans que la bouche, et une structure du crane particulière et réputée
très belle, sont les titres requis par les ethnographes
pour qu'une nation ou une tribu puisse aspirer à l'honneur d'être placée dans la classe Caucasienne. Cette vaste
division du genre humain comprend, selon eux, tous

les peuples de l'Europe, à l'exception des Lapons et des Finnois; en Asie, les peuplades du Caucase, les nations Sémitiques, les Persans, les Boukhars et les Afghans; enfin les habitans des côtes septentrionales de l'Afrique, à l'exception des Cophtes. Toute cette masse de peuples, disent les naturalistes, est descendue du Caucase, et c'est pour cette raison qu'on lui donne le nom de *Race Caucasienne*. Sans examiner si les savans physiologistes, fondateurs de ce système, ont eu des raisons suffisantes qui les autorisent à ranger dans une même classe tous les peuples que je viens de nommer, je dois remarquer que l'assertion qu'ils soient tous descendus des hauteurs du Caucase est entièrement gratuite. L'histoire ne fournit aucun exemple d'une nation qui ait quitté le Caucase pour se répandre dans les plaines qui l'environnent, ou qui se soit portée encore plus en avant pour habiter un pays éloigné de cette montagne; la mythologie même n'offre aucun indice d'une pareille émigration. Les récits des historiens nous contiennent au contraire des faits qui démontrent que plusieurs peuples, qui n'étaient pas originaires du Caucase, sont venus s'y fixer, et l'habitent encore, tels que les Ossètes, les Avars, et des tribus turques; les Géorgiens paraissent de même être originaires du pays situé au S. du Caucase, d'où ils sont venus occuper les vallées méridionales de cette chaîne.

D'ailleurs la nature des monts Caucasiens, dont la direction constante est en ligne droite, ne permet nullement de supposer qu'il puissent avoir été la patrie d'un grand peuple, qui, après s'y être accru, se soit expatrié pour porter ailleurs l'excédant de sa population. La nature de cette chaîne empêche qu'elle ne forme, dans un sens parallèle à sa longueur, de ces vallées fertiles et riantes, qui, en offrant d'excellens pâturages aux troupeaux, et de vastes champs propres à l'agriculture, contribuent à faire naître l'aisance chez les montagnards, et par conséquent un bien-être favorable à l'accroissement excessif de la population. Les grandes vallées du Caucase, étant toutes dirigées plus ou moins perpendiculairement sur la longueur de la chaîne, ont des pentes trop rapides pour que des couches de terre fertile s'y puissent amonceler; les torrens, qui, à l'époque de la fonte des neiges, se précipitent des hautes montagnes, emportent presque partout les particules terreuses, et laissent le sol pierreux à nu, ou le couvrent d'une infinité de cailloux roulés, qu'ils entraînent l'année suivante, en les remplaçant par d'autres. Si, comme les montagnes qui entourent la Bohême, les hauteurs du Caucase enfermaient un pays étendu, on pourrait supposer que la nation qui l'avait habité originairement, s'étant trop accrue, l'eût quitté en partie pour chercher au dehors des monts d'autres régions pour s'y fixer; mais comment supposer un surcroît de population chez des tribus barbares qui vivent au milieu de privations continuelles, et qui sont même éloignées de cette sorte de luxe qu'un climat heureux produit parmi les sauvages des îles du Grand-Océan?

La supposition des naturalistes, que près d'un quart du genre humain est originaire du Caucase, est certainement dénuée de fondement. Tout, au contraire, indique une origine plus orientale pour la race qui a peuplé l'Europe ; et nous avons l'espérance fondée de voir cette doctrine corroborée par les recherches historiques et par les preuves que plusieurs savans s'occupent de recueillir, à l'aide de l'examen des langues. Or, si les nations européennes, et, avec elles, les peuples sémitiques, les Turcs, les Persans et les Afghans, ne sont pas venus du *Caucase*, pourquoi donc les appeler *Caucasiens ?* Il est temps de bannir de l'ethnographie cette dénomination fautive et vide de sens ; elle ne peut servir qu'à donner des idées erronnées aux personnes qui ne sont pas en état d'approfondir la question.

Les peuples du Caucase, d'après les langues qu'ils parlent et d'après d'autres signes caractéristiques, se divisent en six grandes classes :

I. Les Lesghi ou les Caucasiens orientaux.

II. Les Mitsdjeghi, ou Kistes.

III. Les Ossètes, ou Iron.

IV. Les peuplades Abazo-Tcherkesses, ou les Caucasiens occidentaux.

V. Les peuples d'origine Géorgienne.

VI. Les tribus Turques qui sont venues s'établir dans les montagnes et dans les plaines situées à leur pied.

PEUPLADES LESGHI.

Le nom de *Lesghi,* ou plutôt *Leksi,* est très ancien dans le Caucase, et se trouve déjà chez Plutarque et Strabon. Les peuples Lesghi paraissent être d'origine différente, et se subdivisent en une infinité de petites tribus qui habitent tout le pays montagneux situé entre

le Koï-sou, l'Alazani et les plaines qui bordent la mer
Caspienne. La plupart de ces tribus paraissent être établies
depuis un temps immémorial dans le Caucase, car il est
question des Lesghi dans les anciennes chroniques de la
Géorgie, dans Strabon et chez Plutarque. Il paraît cependant que ce peuple a été souvent mêlé avec les débris d'autres peuplades, qui sont venues s'établir dans
les montagnes. J'ai remarqué, dans mes Tableaux historiques de l'Asie, que les *Avar*, tribu lesghienne qui habite *Khoundzakh*, pouvait bien descendre des anciens
Avars, qui eux-mêmes étaient la seconde branche de la
nation des Huns. Il est aussi prouvé qu'à l'époque de la
conquête du Daghestàn par les premiers musulmans,
une foule de colonies arabes et sémitiques s'établirent
parmi les Lesghi, avec lesquels elles se sont confondues
insensiblement.

Comme tous les Caucasiens, les Lesghi sont farouches,
cruels et adonnés au brigandage; ils sont toujours prêts
à servir quiconque veut les payer. Leur courage auda-
cieux dégénère souvent en témérité. Leurs armes sont le
fusil, le sabre et le poignard, dont ils se servent avec beaucoup de dextérité. Ils savent bien manœuvrer à cheval,
et sont également bons fantassins. Ils supportent très pa-
tiemment les fatigues et les incommodités d'une campagne, pourvu qu'on soit exact à leur compter leur
solde : celle d'un homme armé à cheval est environ de
48 francs pour une campagne, qui ne dure jamais plus de
quatre mois. Outre cette somme, le cavalier reçoit ses
vivres. Le Lesghi, qui dans ses foyers ne connaît
pas le mot d'obéissance, se conforme rigoureusement,

pendant la guerre, à tous les ordres du *beladi* ou chef,
choisi par la troupe à laquelle il appartient. Quand quelqu'un veut servir sous un tel beladi, il vient le trouver
et lui présente un morceau de bois pourri ou un tison,
et lui dit : « Que je devienne ainsi, si je trompe la fide-
« lité que je jure, ou si je t'abandonne. » Alors il prend
la main droite du chef avec ses deux mains, entre lesquelles il la presse aussi long-temps qu'il parle de l'objet
qui l'a amené. De deux ou trois frères qui ont l'âge requis, un seul quitte la maison paternelle pour aller faire
des parties de brigandage ou pour le service de la guerre;
si le nombre des frères est plus considérable, un sur trois
seulement peut s'absenter; les autres doivent rester pour
soigner les affaires domestiques de la famille.

Aussi long-temps que le Lesghi reçoit ce qu'on est
convenu de lui donner, il sert avec zèle et ponctualité,
et il lui est tout-à-fait égal contre qui il combat. Mais si
la disette se montre, si l'on veut les empêcher de com-
mettre des brigandages, ou s'ils ne voient aucune occasion de faire du butin, ils quittent celui qui les a engagé,
et se rangent souvent du côté des ennemis contre lesquels ils devaient combattre.

Ce peuple l'emporte sur tous ses voisins en bravoure.
Avant l'occupation de l'isthme caucasien par les Russes,
son amitié était recherchée par tous les princes belli-
gérans; l'intervention des Lesghi dans une querelle à
main armée était ordinairement décisive : dans l'action
ils sont en effet d'une intrépidité remarquable. On a vu
cinq ou six Lesghi, placés derrière un petit retranche-
ment, tenir tête à plus de cinquante ennemis.

C'est principalement par leurs brigandages que les Lesghi sont devenus la terreur de leurs voisins; la Géorgie a le plus souffert par leurs incursions, car leur haine contre les chrétiens est implacable : elle est fondée sur la vengeance qu'ils prétendent devoir tirer des invasions qu'autrefois les Géorgiens ont faites chez eux, afin de les convertir. C'est ordinairement vers la fin du mois de mai que les Lesghi sortent des montagnes et se dispersent dans la Géorgie; ils s'y cachent sur les coteaux qui bordent les rivières, dans les bosquets touffus ou dans les ruines des anciennes églises et des forts, qu'on rencontre partout dans ce pays. C'est de ces repaires qu'ils s'élancent pour attaquer à l'improviste les villages, s'emparer du bétail, et emmener les habitans en captivité. Arrivés dans un lieu sûr, ils annoncent aux parens de leurs prisonniers qu'ils les peuvent racheter, moyennant la somme de 40 fr., si c'est un étranger ; mais si un Lesghi tombe entre les mains d'un autre, il est obligé de payer le double de cette somme. Si le prisonnier est un homme d'une haute extraction, la rançon monte considérablement; mais souvent on le met tout de suite en liberté, s'il peut offrir une caution valable. La vie de chaque captif dépend de la volonté de celui qui l'a pris ; cependant, aussitôt que celui-ci l'a conduit dans sa maison, le prisonnier commence à jouir du droit de l'esclavage, qui empêche qu'on ne puisse le vendre ou le donner hors des limites du Caucase, ni le tuer sans une décision de la commune. Le captif qui n'a pas les moyens de se racheter, est obligé de servir pendant dix ans dans la maison de son maître.

La plupart des tribus lesghi sont musulmanes de la secte des sounni; il y en a cependant plusieurs qui paraissent n'avoir aucune religion, ou chez lesquelles on trouve encore quelques faibles vestiges de christianisme. L'hospitalité et le droit du talion maintiennent chez ce peuple les faibles liens de la société; une vie simple et austère y conserve la pureté des mœurs et la droiture. La mère excite son fils, depuis l'âge le plus tendre, à l'héroïsme, en lui racontant les hauts faits de ses ancêtres ou de ses parens; c'est elle qui lui donne ses premières armes et qui le conduit jusqu'aux limites du canton, quand il entreprend sa première campagne, en l'exhortant à faire honneur à la réputation de sa famille, et à revenir couvert de gloire et de butin, ou à mourir en combattant.

Les Lesghi d'Avar sont soumis à l'Avar khan, qui est le prince le plus puissant des hautes montagnes du Caucase oriental, et porte le titre de Nutsahl. Les Avars habitent les vallées du Koï-sou supérieur et de la plupart de ses affluens. Leur chef-lieu est Khoundzakh, bourg assez considérable, où se trouve le palais du khan. C'est une maison spacieuse, tenue très proprement; les fenêtres y sont garnies de vitres, ce qui est une chose rare dans le Caucase. A l'entrée est une grande salle, ouverte pour tout le monde; il y a toujours une table servie de mets, que l'on offre à tous ceux qui arrivent. Outre les Avars, le khan de Khoundzakh gouverne aussi plusieurs autres tribus qui parlent la même langue. Les Avars seuls ne lui fournissent que 2000 combattans; mais, en cas de besoin, ses autres sujets lui donnent 10,000 hommes. Il força les rois de Géorgie de lui payer annuellement un tribut de 24,000 francs, pour qu'il s'abstînt de faire des incursions sur leur territoire. Il demanda la même somme des Russes lorsqu'ils occupèrent la Géorgie : on la lui accorda volontiers, et même, en 1807, elle fut portée à 40,000 francs. Depuis ce temps il n'a cessé de se montrer soumis à cette puissance. Les autres cantons qui lui obéissent sont Ounsokoul, Hidat, Bakdalal, Moukrat, Karakh et Tkæserouk.

Un autre prince Lesghi, également puissant, est le Khanboutaï, khan des Kazi Koumuk; ses domaines s'étendent le long du bras oriental du Koï-sou, qui a sa source dans les hautes montagnes, coule au N.-O., et se réunit au bras occidental. Les Kazi Koumuk sont, comme les Avars, des mahométans zélés de la secte des sounni. Ils habitent des vallées fertiles, dont les gras pâturages nourrissent leurs nombreux troupeaux de bœufs et moutons. Ils sont aussi agriculteurs; cependant leur récolte, rarement abondante, est retardée par l'âpreté du climat, due au voisinage des montagnes de neige. Le Khanboutaï khan, qui porte aussi le nom de Sourkhaï, est un ennemi des Russes; il peut mettre 6000 hommes en campagne, et plus si le cas l'exige. Il commande aussi dans les districts de Tchilik; le nombre de ses villages monte à une centaine. Il réside dans un grand bourg de quatre cents maisons, nommé *Chahar*, ou la Ville.

Les bornes de ce mémoire ne me permettent pas de faire mention de toutes les tribus lesghi indépendantes. Je ne dois donc parler que des deux les plus remarquables, celles d'Akoucha et de Koubitchi.

Les *Akoucha* forment une république assez puissante

qui compte une trentaine de villages, situés dans les montagnes schisteuses du Daghestân septentrional, aux sources du Torkali, du Manas et du H'umry. Le village principal est celui d'Akoucha; il compte 1000 familles. Ce peuple n'a ni princes ni noblesse; chacune des douze tribus, ou *boutta*, a son ancien, qui porte le titre de *darga*, et qui est chargé de l'administration; cependant il ne fait que conseiller, et il ne peut rien ordonner. Si un prince, voisin du Caucase, désire prendre à sa solde un certain nombre d'habitans d'Akoucha, il doit envoyer un plénipotentiaire particulier à chaque boutta, ou du moins communiquer sa demande à chaque tribu séparément. Cette règle est strictement observée par les Akoucha, qui ne commenceraient aucune négociation avant que cette formalité fût remplie. Ils accordent leurs secours aux plus offrans, et se battent contre tous ceux qui ne les paient pas; cependant ils n'ont jamais voulu servir contre le chamkhal de Tarkou, qui autrefois était leur suzerain. Comme leur pays n'est pas très fertile, ce prince leur permet de faire paître leurs bestiaux, sans aucune redevance, dans les belles et vastes prairies qu'il possède sur leur frontière. Les Akoucha sont mahométans sounnites; ils vivent principalement du produit de leurs troupeaux, et cultivent peu la terre. La laine de leur moutons est excellente, et ils fabriquent du drap renommé dans tout le Caucase.

Koubitchi, grand bourg, duquel dépendent huit villages, est situé sur une petite rivière qui se jette dans le Grand-Bouam. Ses habitans sont connus, dans tout l'Orient, sous le nom des *Zerkherân*, ou de faiseurs de côtes de maille. On prétend que ce sont des Frenghi, ou Européens; cependant cette tribu ressemble en tout aux Lesghi qui les environnent, et sa langue n'est qu'un dialecte de celle d'Akoucha. Ils fabriquent des armes très belles et d'excellente qualité, qui, comme leur drap, appelé *Koubitchi-châl*, sont renommées non seulement dans le Caucase, mais même en Perse et dans les pays au delà de la mer Caspienne. Il est singulier de trouver, au milieu des hommes grossiers et barbares qui habitent cette contrée montagneuse, un peuple industrieux et laborieux. Les Koubitchi ne s'occupent ni d'agriculture, ni de l'éducation des bestiaux. Ils échangent les produits de leur travail contre les choses nécessaires à la vie. Comme ce sont eux qui fournissent aux autres Lesghi les armes dont ils ont besoin, ceux-ci vivent toujours en bonne harmonie avec eux, et recherchent leur amitié. Cela n'empêche pas que les Koubitchi ne soient perpétuellement sur leurs gardes, et ne défendent soigneusement les deux seules issues qui conduisent à leurs habitations. Dans les fortifications qu'ils y ont établies, ils ont de petits canons en cuivre, qu'ils fondent eux-mêmes. L'entrepôt où ils vendent leurs marchandises se trouve à la frontière de leur pays. Ils ne font jamais la guerre, ne paient de redevance à qui que ce soit, et ne sont gouvernés que par un conseil de douze anciens, qu'ils choisissent eux-mêmes; des arbitres jugent leurs discussions, et chacun se soumet sans murmurer à leur décision.

Les tribus Lesghi de Tchar, de Belakhani, et autres, qui habitent les montagnes situées à l'est de l'Alazani, furent autrefois soumises aux rois de Géorgie. Les Russes

les ont aussi rendues tributaires, et en reçoivent annuellement un impôt; il est perçu en soie qui n'est pas très
belle, et que le gouvernement envoie vendre à Moscou.

PEUPLADES MITSDJEGHI.

Les peuples d'origine *Mitsdjeghi*, ou les *Kistes*, occupent la partie de la haute chaîne du Caucase située entre
les montagnes des Lesghi, le Soundja et le Terek supérieur. Ce sont des brigands encore plus déterminés que
les Lesghi; notamment les *Tchetchentses*, qui habitent
le pays arrosé par la Ghikha, le Farthan, l'Argoun et
le Djalk : toutes ces rivières sortent des hautes montagnes,
et se jettent dans le Soundja. Jamais les Russes n'ont pu
parvenir à dompter ces tribus farouches, et la plupart
des expéditions qu'ils ont entreprises contre elles ont été
malheureuses. Pour les tenir en bride, le général Yermolov, qui commande dans le Caucase et en Géorgie, a
établi une ligne militaire sur la gauche du Soundja;
elle est défendue par des forts et des redoutes, dont les
principales sont Pregradnoï-stan et Groznaïa. Malgré
cette précaution, les Tchetchentses ne cessent d'inquiéter
les Russes et de faire des incursions sur leur territoire.
C'est principalement à cause d'eux qu'on est obligé d'envoyer toujours une escorte de plus de 150 hommes avec
deux canons, pour accompagner les courriers qui apportent la correspondance officielle de Mozdok à Vladikavkas : ils sont expédiés avec moins de risque de ce lieu à
Tiflis.

Les Tchetchentses vont ordinairement par petites troupes pour exercer leurs brigandages chez les Russes. Après avoir passé le Terek, ils se cachent dans les bocages qui bordent ce fleuve. S'ils aperçoivent un voyageur sans escorte, ils tuent son conducteur et ses chevaux, lui mettent un bâillon dans la bouche, et le traînent jusqu'au rivage. Là, ils lui attachent des outres remplies d'air sous les bras, lui placent une corde avec un nœud coulant au cou, et le jettent dans l'eau. Pour éviter de s'étrangler, le malheureux est obligé de tenir la corde, par laquelle deux nageurs le transportent à l'autre bord. Les Tchetchentses tuent rarement ceux desquels ils se promettent une bonne rançon; mais ils traitent leurs prisonniers d'une manière excessivement dure et barbare, principalement quand ceux-ci ont essayé de se sauver. Ils ont des princes et des nobles; ceux-ci sont les vassaux des premiers.

À l'ouest des Tchetchentses habitent les *Kara-boulak*, autre tribu mitsdjeghi, qui s'appellent eux-mêmes Archté. Kara-boulak est leur nom nogaï; il signifie Source-Noire. Ils occupent les vallées fertiles du Chelmigor et du premier Farthan, qui est proprement le Kara-boulak; ils sont agriculteurs; ils paraissent avoir été autrefois mahométans, car ils placent encore sur leurs tombeaux des pieux surmontés d'un turban, quoiqu'à présent ils ne professent réellement aucune religion, et suivent seulement les pratiques superstitieuses des autres Caucasiens. Ils sont très sobres; un morceau de pain de millet et un peu de fromage leur suffit pour un repas; rarement ils mangent de la viande. Munis de provisions pour six mois, et armés d'un bon fusil, d'une pique, d'un sabre léger, d'un poignard et d'un petit bouclier rond, ils traversent les montagnes, soit pour chasser, soit pour faire des incursions chez leurs voisins. Ils n'ont pas de princes; ils n'ont que des anciens, qui, dans les expéditions guerrières, les conduisent. Ils sont ennemis des Tchetchentses; mais ils attaquent aussi les Russes, qui ont beaucoup de peine à les tenir en bride.

Les Ingouches sont les plus occidentaux de tous les Mitsdjeghi. Ils habitent principalement les parties supérieures de l'Assaï et du Soundja, de même que la vallée dans laquelle coule le Ghaloun ou Koumbalei. A présent ils sont presque entièrement soumis aux Russes; ils sont moins enclins au brigandage que les autres tribus de leur nation. On trouve encore chez eux plusieurs vestiges du christianisme, et il ne serait peut-être pas difficile de les civiliser, car ils sont déjà portés à l'agriculture, qui est le meilleur moyen de changer les habitudes barbares d'un peuple.

OSSÈTES.

Les *Ossètes* ou *Ovtsi*, qui s'appellent eux-mêmes *Iron*, habitent à l'ouest des Kistes et du Terek supérieur. Leur langue et plusieurs indices historiques démontrent que ce peuple est une colonie mède, qui, dans des temps reculés, fut transportée dans le Caucase. Je les regarde comme les *Sarmates Mèdes* des anciens, et comme les restes des *Alaïns* et des *Azes* du moyen âge. Autrefois les Ossètes étaient gouvernés par leurs princes, et habitaient les

plaines de la grande et de la petite Kabardah, ainsi que les branches avancées du Caucase. Dans le 12e siècle de notre ère, la reine Thamar subjugua toute la partie occidentale du Caucase, jusqu'à la mer Noire, et par conséquent aussi le pays des Ossètes ; alors ils furent de nouveau convertis au christianisme, qui, par les soins des empereurs de Byzance, avait déjà fait des progrès parmi eux. Il paraît cependant qu'ils renoncèrent bientôt après à cette croyance. L'Ossèthi, ou le pays des Ossètes, était autrefois couvert de villes et de villages, qui furent presque tous ruinés par Batou-khan et ses mongols. Plus tard, ce peuple ayant fait la guerre aux khans de Crimée, il fut chassé des plaines et des montagnes inférieures, principalement par les Tcherkesses, qui occupèrent les deux Kabardah, et s'y établirent à leur place. Ensuite, la puissance des princes tcherkesses prit graduellement de l'accroissement, et les Ossètes furent réduits à devenir leurs tributaires ; cependant ceux qui habitaient au sud de la chaîne des monts neigeux restèrent sous la domination des rois de Géorgie. Les progrès des Russes, jusqu'au Kouban et au Terek supérieur, ayant beaucoup affaibli les Tcherkesses, les Ossètes, qui habitent au nord des montagnes de neige, ont profité de la circonstance pour se soustraire à leur joug.

Les Russes ont fait quelques tentatives pour soumettre ce peuple ; mais ils n'ont pu parvenir à établir leur autorité que sur quelques villages situés dans la vallée du Terek, où passe la route militaire qui conduit de Russie en Géorgie ; les autres parties de ce pays montagneux sont tout-à-fait indépendantes. Sous le règne de l'impé-

ratrice Élisabeth, le clergé russe conçut l'idée de rendre
ce peuple sujet de la Russie ; la requête qui, à cet effet,
fut présentée à l'impératrice, commence par la phrase
suivante : « Les Ossètes, *peuple riche en or et en argent,*
« qui habite les monts Caucasiens, et qui, depuis le bou-
« leversement du royaume de Géorgie par les Persans
« et les Turcs, *se trouve sans maître,* avaient autrefois été
« convertis à la religion chrétienne ; mais ils sont malheu-
« reusement retombés dans le paganisme. Quelques voya-
« geurs, qui ont traversé leur pays, nous apprennent que
« les Ossètes brûlent d'adopter de nouveau la croyance
« chrétienne. Il serait honteux de les laisser dans leurs
« anciennes erreurs, et il est probable que, si on leur
« envoyait des *missionnaires orthodoxes,* il ne serait pas
« difficile de les remettre bientôt dans la voie du salut. »
En conséquence, une commission composée d'ecclésias-
tiques fut établie à Mozdok en 1752, et chargée de ra-
mener les Ossètes au christianisme. Elle fit bâtir un couvent dans le canton où le Fiag, sortant des montagnes,
entre dans la plaine de la Kabardah ; il fut peuplé de missionnaires, dont les travaux apostoliques se bornaient à
baptiser ces païens ; mais la plupart des Ossètes se représen-
taient plusieurs fois, parce que le gouvernement russe accordait à chaque néophyte douze archines de grosse toile
ordinaire pour faire des chemises et des pantalons, deux
poissons salés et une croix de métal. Les montagnards
n'apprirent du christianisme qu'à s'appeler *khristón,* et à
faire le signe de la croix. Les missionnaires cherchèrent
en même temps à faciliter aux minéralogistes russes, envoyés pour explorer les riches mines du pays, les moyens

de pénétrer dans les hautes montagnes. Cependant quand le gouvernement s'aperçut que les richesses qu'on lui avait fait espérer de trouver dans l'Osséthi, n'existaient réellement pas, il cessa de s'intéresser au salut des Caucasiens. Les Ossètes, de leur côté, attaquèrent et détruisirent, en 1769, le couvent russe, parce que l'un des missionnaires avait été pris en flagrant délit, violant la femme d'un de leurs chefs. Les Russes ont cherché à venger cet affront, mais avec peu de succès; le couvent n'a pas été rebâti, et les missionnaires se sont retirés à Mozdok, où l'on a créé une école pour les Ossètes qui demeurent dans cette ville et dans les environs.

Les Ossètes vivent épars, soit dans des villages, soit dans des maisons isolées. Ils appellent un village *kaou* ou *gaou*. Chaque village est ordinairement gouverné par un ou deux anciens, qui s'occupent de terminer les différends parmi les habitans, et de maintenir l'ordre autant qu'ils le peuvent. La nourriture de ce peuple consiste ordinairement en pain de froment ou d'orge sans levain, qu'ils font cuire sous les cendres, et en gâteaux de millet et de seigle, qui se coupent avec un couteau, et se mangent ou froids ou chauds, au lieu de pain. Ils mangent aussi de la viande de bœuf ou de mouton, et les pauvres du porc. Ils ne boivent ordinairement que l'eau de rivière, qui, dans les montagnes, est saine et pure. Ils font de la bière d'orge, de l'eau-de-vie d'orge et de seigle, et du bouza de gruau de seigle. Dans leurs montagnes, la culture est très pénible; car ce n'est que dans un petit nombre d'endroits que le roc est couvert d'un peu de terre argilleuse jaune, qui a besoin d'être fumée tous les ans. Les champs sont presque toujours sur des pentes escarpées, ce qui les rend difficiles à labourer. Outre le millet et les céréales ordinaires, les Ossètes sèment aussi des pois verts, des haricots, du maïs, des concombres, du chanvre et du tabac. Cependant toute leur agriculture, aussi bien que celle des autres Caucasiens, est peu productive, et la disette se montre souvent chez eux. Après l'agriculture, le soin des bestiaux est l'occupation principale des Ossètes; les troupeaux de moutons font la principale richesse de la nation. Ils échangent leurs moutons en Géorgie et en Imiréthi contre des étoffes de soie ordinaires, de la toile, des tissus de coton, de fil d'or et d'argent, des vaisseaux et des outils en fer; et, avec les Tcherkesses et les Arméniens, contre du sel, qui manque à tous les montagnards du Caucase, et souvent contre du millet et de la toile.

Les hommes labourent, forgent, bâtissent des maisons, fabriquent des instrumens d'agriculture et des selles, préparent la poudre à tirer, et le cuir pour les souliers et les courroies. La chasse est, après le brigandage, leur occupation la plus agréable; ils aiment beaucoup à aller chez leurs amis pour y banqueter. Tous les soins du ménage retombent sur les femmes, de même que les travaux des champs, qui au reste sont peu importans.

L'extérieur de ce peuple le distingue de tous les autres Caucasiens, et décèle son origine étrangère. Les Ossètes sont assez bien faits, forts, vigoureux, et ordinairement de taille moyenne; les hommes n'ont guère que cinq pieds deux à quatre pouces : ils sont rarement gras, mais charnus et carrés; c'est ce qu'on observe surtout chez les femmes. Leur physionomie se rapproche beaucoup de celle des Européens. Les yeux bleus, les cheveux blonds ou roux, sont très communs chez les Ossètes; il y en a fort peu qui aient la chevelure vraiment noire. C'est une race d'hommes saine et féconde. On ne voit pas beaucoup de vieillards âgés de plus de soixante-dix ans. Les femmes sont ordinairement petites et peu jolies; elles ont le visage rond et le nez camus : elles sont robustes; le travail et une nourriture frugale contribuent à les rendre encore plus fortes.

TCHERKESSES.

Les *Tcherkesses*, que nous nommons ordinairement *Circassiens*, habitent la grande et la petite Kabardah, et le pays situé au delà du Kouban jusqu'à la mer Noire. Ce peuple s'appelle dans sa propre langue *Adighé*. Le nom Tcherkesse est, dit-on, d'origine turque, et composé de *tcher*, chemin, et *kesmek*, couper; il signifierait donc un homme qui coupe le chemin, c'est-à-dire, un brigand. Cependant on trouve déjà chez les auteurs anciens une nation nommée *Kerkètes*, qui habitait le Caucase et les bords de la mer Noire, et qui paraît avoir été identique avec les Tcherkesses. Le nom de ces derniers est antérieur à l'époque à laquelle les peuples turcs arrivèrent de l'Asie moyenne dans le voisinage du Caucase. Les Ossètes, les Mingréliens, et autres voisins des Tcherkesses, les appellent *Kazakh*, et dans les historiens byzantins, leur pays porte le nom de *Kazakhia*.

D'après les traditions de ce peuple, il occupait origi-

nairement les bords du Kouban, jusqu'à ce que, dans le
12ᵉ siècle, une de ses tribus, nommée Kabardah, quitta son
ancien pays, et se transporta sur le Don inférieur. Les
Kabardah n'y restèrent pas long-temps, et allèrent s'établir en Crimée. Après y avoir habité pendant quelques
siècles, ils revinrent au Caucase, et occupèrent le pays
situé entre le Kouban et la Soundja, qui reçut, d'après
eux, le nom de Kabardah. Une autre dénomination générale des Tcherkesses, dans le moyen âge, fut celle de
Zykhes.

Autrefois les Tcherkesses s'étendaient beaucoup plus
au nord qu'à présent; ils avaient des pâturages sur la
Kouma. Il n'y a qu'environ cinquante ans que les Nogaï,
les Koumuk, les Tcherkesses et les Abazes allaient tous
les ans chercher du sel dans le lac salant de Djanseït, au
nord de l'embouchure de la Kouma, dans la mer Caspienne, ainsi que dans un autre plus petit qui est près de la
source du Manytch; mais, depuis les progrès des Russes,
et surtout depuis l'établissement de la ligne militaire du
Caucase, en 1777, les Tcherkesses ont été repoussés au
delà du Terek, de la Malka et du Kouban. Leur gué principal était sur la Malka, dans les environs du lieu où l'on
a bâti Iekaterinograd, et près de la plaine fertile des
Bech-tamak, ou des cinq embouchures.

La nation tcherkesse est divisée en cinq classes bien
distinctes : la première comprend les *pcheh*, ou princes,
qui dominent sur toutes les autres; la seconde, les *ouzden*,
ou nobles, appelés *work* en tcherkesse; la troisième, les
affranchis des princes et des nobles, ce qui les fait devenir
nobles; mais, pour le service militaire, ils restent tou-

jours soumis à leurs anciens maîtres; à la quatrième appartiennent les affranchis de ces nouveaux nobles, et à la cinquième les *tcho'khotl*, ou serfs; ceux-ci se partagent encore en laboureurs et en domestiques des classes supérieures.

Chaque branche des maisons de princes a sous sa dépendance plusieurs familles de nobles; ceux-ci ont au-dessous d'eux les paysans, qu'ils regardent comme une propriété héréditaire, parce que ces paysans ne peuvent passer d'un noble à un autre. Chaque prince est donc le seigneur suzerain de ses nobles; ceux-ci sont à leur tour les maîtres de leurs serfs. Les familles nobles peuvent passer d'un prince à l'autre, et c'est de cette manière que plusieurs familles de princes, notamment celles de la Kabardah, sont devenues très puissantes. Les paysans ne sont pas tenus à payer aux ouzden des redevances fixes; ils doivent leur fournir tout ce dont ils ont besoin, mais seulement les choses de première nécessité. Il en est de même des rapports entre les princes et les nobles : les premiers exigent de ceux-ci les objets qui leur sont nécessaires, mais rien au delà de ce qui est absolument indispensable. Si l'on veut qualifier un tel ordre de choses, on peut dire que les Tcherkesses forment une république aristocratique; mais, dans la réalité, il n'y a maintenant aucune règle fixe dans cette sorte de gouvernement, puisque chacun fait ce que bon lui semble. Autrefois la puissance des princes tcherkesses s'étendait aussi sur les Ossètes, les Tchetchentses, les Abazes et les tribus Turco-nogaï des hautes montagnes, près des sources du Tcheghem, du Baksan, de la Malka et du Kouban; les progrès successifs des Russes ont considérablement diminué, de ces côtés, le pouvoir des princes tcherkesses; mais ceux-ci ne continuent pas moins à se regarder comme les maîtres de ces peuples.

L'usage veut que le prince fasse de temps en temps des présens à ses nobles; ces dons, ainsi que le récit des circonstances et des causes qui en ont été l'origine, passent de père en fils, tant dans la famille de celui qui a reçu que dans la famille de celui qui a donné. Lorsqu'un noble refuse, sans motif suffisant, d'obéir à son prince, il est obligé de lui rendre tous les présens que lui et ses ancêtres en ont reçu. Les ouzden doivent suivre le prince à la guerre toutes les fois qu'il l'exige, et fournir autant de leurs sujets, comme troupes auxiliaires, que le prince en demande et qu'ils peuvent en donner. Lorsque le prince, par de trop grandes dépenses ou par des accidens, contracte des dettes, ses nobles sont tenus de les payer pour lui. Le prince, ainsi que le noble, a le droit de vie et de mort sur ses serfs, et peut même vendre, à son gré, ceux qui sont attachés au service de sa maison : ceux-ci recouvrent souvent la liberté; ils sont alors appelés *bég-âulia*, et doivent exécuter les ordres de leur maître contre les nobles et les serfs. On ne peut vendre séparément les serfs qui exercent l'agriculture : ils sont obligés de payer les dettes et les vols de leur ouzden. Le prince commande les troupes en temps de guerre, et fait, avec ses chevaliers et ses serviteurs, des incursions chez ses voisins.

Avant que la religion de Mahomet fût introduite chez les Tcherkesses, chaque prince ou fils de prince avait le

droit de prendre une brebis de chaque troupeau lorsqu'au printemps on les menait pâturer dans les montagnes, ainsi qu'à leur retour au commencement de l'automne. On devait aussi donner une brebis au prince
toutes les fois que, dans ses tournées, il passait la nuit
près d'un parc. S'il approchait d'un troupeau de chevaux, il avait le droit de choisir celui qui lui plaisait, de
le monter et de s'en servir aussi long-temps qu'il en avait
besoin. S'il passait la nuit près d'un de ces troupeaux,
il pouvait faire tuer un poulain et le manger avec sa
suite; car ces peuples ont encore l'usage de se nourrir
de chair de cheval; mais ils choisissent alors la bête qu'ils
veulent tuer, et s'abstiennent de celles qui meurent
de maladie. La peau du cheval et celle de la brebis appartenaient à celui qui avait préparé le repas. Tels étaient
les droits des princes dès les temps les plus reculés; ils
leur étaient aussi chers qu'ils étaient conformes à leur
manière de vivre; cependant ils y ont renoncé en em-
brassant la religion mahométane. Depuis cette époque,
le peuple a aussi changé ses habitudes sous beaucoup de
rapports. Les Tcherkesses, comme tous les peuples non
civilisés, buvaient de l'eau-de-vie avec excès; ils fumaient
du tabac, en prenaient en poudre, mangeaient de la
viande de porc, et surtout de celle de sanglier : cet animal, qui est très commun dans leur pays, était le principal objet de leurs chasses. A présent ils s'abstiennent
de toutes ces choses : un grand nombre d'entre eux, au
lieu de porter simplement des moustaches comme autrefois, laissent croître leur barbe. Il y a à peu près soixante
ans que les Tcherkesses de la Kabardah, quoique se di-

sant musulmans, vivaient presque sans religion, n'étaient
pas circoncis, et n'avaient ni mosquées ni prêtres, à
l'exception de quelques moullas ignorans. Ils n'obser-
vaient de la religion de Mahomet que l'abstinence du
porc et du vin; ils enterraient leurs morts, et célébraient
les mariages d'après le rit de l'islamisme ; la polygamie
était permise, mais peu en usage; les princes et les principaux nobles faisaient, aux heures fixées, leurs prières
journalières en arabe, sans en comprendre le sens; les
gens du peuple vivaient sans aucune pratique religieuse.
Ce n'est que depuis la conclusion de la paix de Kutchuk-
Kaïnardji, en 1774, que la Porte a envoyé prêcher de nouveau l'islamisme dans le Caucase, et notamment chez les
Tcherkesses; elle a réussi dans ses vues, au moins à l'égard
des derniers. Leurs moullas, ou prêtres, sont ordinairement des affranchis qui vont apprendre un peu à lire et à
écrire à Endery ou dans le Thabasserân, et retournent
dans leur pays pour travailler à maintenir le peuple dans
la foi mahométane, et à le détourner de l'alliance de la
Russie. Depuis plus de soixante-dix ans, les Kabardiens
ont été déclarés vassaux de cet empire; mais ils ne le
sont que de nom, puisqu'ils ne lui paient aucun impôt,
et ne rendent aucun compte de leur conduite dans leur
pays; bien plus, ils font tous les ans des incursions fréquentes sur le territoire russe, et y enlèvent des hommes
et des bestiaux. Les représailles qu'on emploie pour les
punir entretiennent une guerre presque continuelle sur
la frontière. La Russie envoie de temps en temps des
troupes contre les Tcherkesses au delà du Kouban; mais
ces expéditions, obligées de traverser un pays peu connu

et d'un accès difficile, n'obtiennent que rarement des avantages marquans, et ces moyens violens n'ont fait qu'effaroucher ce peuple, qui se croit invincible dans ses montagnes.

C'est l'âge qui, chez les Tcherkesses, donne le plus de considération ; aussi, lorsqu'il s'agit de décider une affaire, les plus âgés parmi les princes et les nobles, et même les plus riches paysans, s'assemblent et prononcent ; c'est toujours avec grand bruit et beaucoup de paroles. Il n'y a chez eux ni tribunaux fixes, ni lois écrites. Cependant des peines sont établies par les anciens usages pour punir le vol et le meurtre. Les décisions des assemblées qui jugent les différends entre deux parties, sont quelquefois très singulières, comme on peut s'en convaincre par quelques exemples. Deux Tcherkesses possédaient en commun un terrain sur lequel était un arbre dépouillé de son écorce par l'un des propriétaires. Celui-ci, quelque temps après, céda sa portion à son camarade, pour aller habiter un autre canton. L'arbre mourut sur pied, et le Tcherkesse resté seul propriétaire y mit le feu pour le détruire. Tandis qu'il brûlait, un homme ayant voulu s'en approcher pour allumer sa pipe, fut écrasé par sa chute. La famille du défunt attaqua le propriétaire, et lui demanda le prix de l'individu dont il avait causé la mort. L'usage était constant ; il semblait qu'il n'y avait rien à lui opposer ; mais le propriétaire convoqua une assemblée, et exposa que, n'ayant mis le feu à l'arbre que parce qu'il était séché sur pied, l'ancien propriétaire devait être condamné au paiement, puisque l'accident ne serait pas arrivé si l'arbre eût conservé son écorce.

Toute l'assemblée applaudit au plaidoyer, et se déclara
en faveur de celui qui l'avait prononcé. Voici un autre
fait qui est au moins aussi ridicule : Quelqu'un voyant
une chèvre dans son champ, donna l'ordre à son vassal
de la chasser. Celui-ci ayant cassé la jambe de l'animal
d'un coup de pierre, enveloppa la blessure avec un morceau de toile. La chèvre, de retour chez son maître,
s'approcha un peu trop du foyer, et mit le feu au ban-
dage. La douleur qu'elle ressentit la fit échapper à travers un champ de blé attenant à la maison; elle y porta
la flamme, qui bientôt réduisit tout en cendres. L'affaire fut mise en jugement : l'homme qui le premier
avait donné l'ordre de chasser la chèvre de sa terre fut
obligé de rembourser tout le dommage.

Presque toutes les affaires sont jugées de la même manière, par des assemblées tenues dans un bois, présidées
par des princes, et d'après les anciens usages, qui sont devenus pour ce peuple des lois sacrées. Elles condamnent
à l'ignominie le parricide et le péché contre nature ; le
meurtre oblige au paiement d'une somme considérable,
fixée par l'assemblée, si toutefois la famille du défunt veut
transiger avec l'assassin, et ne demande pas son sang. On
punit également par des amendes tous les perturbateurs du
repos public qui usent de voies de fait. Le vol, lorsqu'il
est découvert, est puni par le paiement de plusieurs fois
la valeur de l'objet dérobé; mais, fait avec adresse, il n'a
rien de déshonorant, parce qu'on y attache le même mérite que chez nous à une expédition militaire bien exécutée. Ce genre de larcin est l'étude principale et le but
de toutes les entreprises de ce peuple; y réussir passe

pour un mérite. Le plus grand reproche qu'une jeune
fille puisse faire à un jeune homme, c'est de lui dire qu'il
n'a pas encore pu dérober une vache. Mais les propriétés
sont respectées entre les personnes que la parenté, l'amitié, l'hospitalité ou d'autres liens unissent.

Comme tous les autres Caucasiens, les Tcherkesses observent avec la plus scrupuleuse exactitude les lois de
l'hospitalité. L'orgueil de la noblesse n'est poussé chez
aucune nation aussi loin que chez eux ; aussi les mésal-
liances sont sans exemple. Le prince épouse toujours la
fille d'un prince ; ses bâtards ne peuvent jamais hériter du
titre ni des prérogatives de leur père, à moins qu'ils ne se
marient avec une princesse légitime ; alors ils deviennent
princes de la troisième classe. Les Abazes, ayant autrefois été soumis aux Tcherkesses, leurs princes ne sont
considérés que comme nobles tcherkesses ; ils ne peuvent
épouser que des filles de ceux-ci, qui à leur tour s'al-
lient aux princes abazes. La dot monte chez les princes
à une valeur de 8000 francs. Le noble qui a élevé un
jeune prince le marie aussi, et donne, conjointement
avec les autres ouzden, la dot en fusils et en brebis : de
son côté, le père de la future fait présent de quelques
serfs à son gendre. Si le nouveau marié reconnaît que
son épouse n'a pas sa virginité, il la renvoie aussitôt à
sa famille, qui lui rend le présent ; la fille est vendue ou
tuée par les siens. Si une femme commet un adultère,
son mari lui fait raser les cheveux, lui fend les oreilles,
lui coupe les manches de ses habits, et la renvoie à cheval à ses parens, qui la vendent ou la tuent. L'homme
complice de l'adultère tombe ordinairement victime

du mari offensé, qui laisse aussi quelquefois à ses amis le soin de le venger. Il y a chez les Tcherkesses deux espèces de divorce : quelquefois le mari se sépare de sa femme en présence de témoins, et laisse la dot aux parens; alors elle peut se remarier; mais s'il lui dit seulement de s'éloigner de lui, il a encore le droit de la reprendre après l'année révolue; si deux ans s'écoulent avant qu'il la rappelle, le père ou les parens de la femme vont chez le mari, et terminent le divorce; la femme peut ensuite contracter de nouveaux liens. Le mari ne doit jamais aller publiquement chez sa femme, ni se montrer en compagnie avec elle; ce serait blesser les bonnes mœurs. Les gens du commun vivent avec leurs femmes quand elles sont déjà avancées en âge.

Un prince, quand il lui naît un enfant, donne de grandes fêtes; si c'est un garçon, il le remet, le troisième jour après la naissance, à un de ses nobles, qui est chargé de l'élever; on conçoit que ces derniers se disputent cet honneur. On confie ensuite l'enfant à une nourrice, qui lui impose un nom; il est circoncis à l'âge de trois à quatre ans, et, à cette occasion, le moulla reçoit un cheval. Le père ne voit jamais son fils avant que celui-ci se marie; ce qui produit une froideur extrême entre les parens les plus proches. Un prince s'indigne si l'on s'informe de la santé de sa femme et de ses enfans; il ne répond pas, et tourne le dos avec mépris. Les fils des nobles restent dans la maison paternelle jusqu'à l'âge de trois à quatre ans : on leur donne alors un gouverneur, qui n'a pas besoin d'être précisément du même rang; les parens ne lui paient ni sa peine, ni l'entretien de l'enfant; mais l'élève, parvenu à l'adolescence, donne à son instituteur, tant qu'il reste chez lui, la meilleure partie du butin qu'il fait à la guerre ou dans ses excursions de pillage.

Le gouverneur d'un jeune prince lui choisit une épouse; quand le marché pour le présent qu'il doit faire aux parens de celle-ci, est conclu, le prince vient enlever son amante, accompagné d'un ami, qui la place sur son cheval, et monte en croupe derrière elle; on part au grand galop, et on gagne l'habitation des parens du futur. L'ami présente la jeune fille, que l'on installe bientôt dans la chambre destinée aux nouveaux époux. Elle attend son futur, en entretenant le feu de la cheminée, qui tient lieu de lumière. Ce n'est que quand tous les habitans de la maison sont supposés endormis, que l'ami va chercher l'époux dans le bois, où il s'est caché pendant le jour, puis il l'amène à la jeune fille. Le mari, avant de s'abandonner aux plaisirs de l'amour, défait avec son poignard le corset que sa femme porte depuis l'âge de cinq à six ans; il est en maroquin, et garni de deux plaques de bois placées de chaque côté sur la poitrine, et qui, par leur forte pression, empêchent le développement du sein.

A la mort du père, la mère a la gestion du bien, qui ne se partage pas; quand celle-ci meurt, c'est ordinairement la femme de l'aîné des fils qui la remplace. Si les frères veulent diviser l'héritage, elle fait les parts de manière que l'aîné reçoive la plus forte, et le plus jeune la moindre. Les *thouma*, ou enfans naturels, n'ont aucun droit à la succession; ils sont ordinairement nourris par la famille.

Les Tcherkesses sont généralement bien faits; les hommes se distinguent surtout par leur taille élancée et bien prise, et ils mettent tout en usage pour qu'elle reste svelte. Ils sont de stature moyenne, très nerveux, et rarement gras. Ils ont les épaules et la poitrine larges; mais la partie inférieure de leur corps est très mince. Ils ont les yeux et les cheveux bruns, la tête alongée, le nez mince et droit. Leurs femmes ont la réputation d'être les plus belles de tout le Caucase; cependant il me paraît que les Géorgiennes leur sont préférables sous plusieurs rapports; du moins les traits de celles-ci sont plus réguliers; elles n'ont pas le nez retroussé et les cheveux roux, ce qui empêche les jeunes filles tcherkesses de passer pour des beautés parfaites. Je dois observer à cette occasion que les Circassiennes sont moins souvent vendues aux Turcs que les belles femmes de l'Imiréthi et de la Mingrélie.

Les maisons des Tcherkesses sont construites en claies d'osier enduites d'argile en dehors et en dedans : le toit est en paille. Quarante ou cinquante maisons, disposées en cercle, forment un village. Pendant la nuit, les bestiaux sont placés au milieu de cet espace, où il y a aussi d'autres cabanes. En hiver, on bâtit des huttes près des rivières et dans les prairies, pour y renfermer les brebis. Les animaux domestiques des Tcherkesses sont le cheval, le bœuf, le buffle, le mouton, la chèvre, le chien et le chat. Leurs chevaux, les meilleurs après ceux des Arabes, errent en liberté dans les champs; jamais ils n'entrent dans une écurie. L'agriculture des Tcherkesses est très simple : au printemps, ils brûlent les herbes qui couvrent les champs, les prairies, les pâturages et les terres qu'ils veulent ensemencer ; c'est le seul engrais qu'ils leur donnent : ensuite on laboure, on sème, et l'on herse avec des arbres garnis encore du feuillage. Ils cultivent principalement du millet et de l'épautre. Ils élèvent beaucoup d'abeilles.

La langue tcherkesse diffère considérablement de celle des autres Caucasiens; on la parle le mieux dans les deux Kabardah et chez la tribu de Bezlen, qui habite les bords de la Laba. Les autres peuplades tcherkesses, au delà du Kouban jusqu'à la Mer-Noire, ont des dialectes qui s'écartent plus ou moins du kabardien. Il y a dans cet idiome un grand nombre de labiales et palatales, qui se prononcent avec des sifflemens et des claquemens de langue, ce qui en rend la prononciation très difficile aux étrangers. Les Tcherkesses n'ont ni livres ni écriture : quand ils veulent envoyer une lettre à quelqu'un, il la font écrire en turc par leur moulla.

LES ABAZES.

Les *Abazes* habitent au delà du Kouban, sur les bords de plusieurs rivières qui se jettent dans ce fleuve ; ils occupent ce pays conjointement avec des tribus tcherkesses; mais la plus grande partie de ce peuple occupe les côtes de la Mer-Noire, au sud du Caucase oriental. Ils ressemblent aux Tcherkesses dans leurs mœurs, leur manière de se vêtir et leurs usages; il y a également quelque ressemblance entre les idiomes de ces deux peuples. Les Abazes aussi cultivent les terres; mais ils vivent principalement du produit de leurs bestiaux. La grande et belle race de leurs chevaux est célèbre; ils seraient vraisemblablement riches à leur manière, s'ils n'étaient pas perpétuellement livrés aux vexations arbitraires des princes tcherkesses.

Les Abazes habitent depuis très long-temps la partie nord-ouest du Caucase; autrefois ils s'étendaient beaucoup plus loin qu'aujourd'hui; mais les Tcherkesses les ont repoussés dans les montagnes. Ils furent convertis à la religion chrétienne par les empereurs byzantins. On voit encore dans leur pays un grand nombre d'églises anciennes, pour lesquelles ils ont une vénération si profonde, que bien qu'ils soient des brigands non moins déterminés que les Tcherkesses, ils n'osent jamais toucher aux meubles, aux ornemens sacerdotaux et aux livres qui se trouvent dans ces édifices. Dans le courant du xviiie siècle, les Abazes furent soumis par les Turcs, qui introduisirent chez eux l'islamisme; mais ces nouveaux convertis se révoltèrent, en 1771, contre la Porte, et retournèrent à leurs anciennes pratiques superstitieuses, qui leur paraissaient préférables à la doctrine étrangère récemment établie chez eux. Il n'y a plus que quelques familles qui fassent encore circoncire leurs enfans; du reste toute la nation s'abstient de la chair de pourceau.

Les Abazes commettent souvent des pirateries sur mer, et la Russie est obligée de tenir des bâtimens de guerre en station sur les côtes de leur pays pour protéger le commerce insignifiant qui s'y fait. Comme les Abazes n'ont que des bateaux à rames, qui ne portent pas de canons, ils ne sont pas bien dangereux pour un navire suffisamment armé, et ce ne serait que par surprise qu'ils pourraient s'en emparer. Beaucoup de jeunes Abazes allaient autrefois en Égypte, et s'y vendaient comme esclaves aux mameluks et aux princes du pays. Ils regardaient cette condition comme le moyen le plus sûr de faire fortune, et de parvenir par leur bravoure à la fortune et à un grade militaire éminent. En effet, plusieurs des derniers mameluks d'Égypte étaient d'origine abaze.

Les femmes abazes sont belles, et très recherchées par les Turcs, chez lesquels elles passent sous le nom de Circassiennes. Ordinairement tout ce qu'une jeune fille souhaite est de pouvoir être admise dans un harem de Turquie; elles préfèrent ce genre de vie à l'existence qu'elles mènent dans leur patrie. Quelquefois les esclaves reçoivent leur liberté au bout de quelques années, et retournent en Abazie avec une petite fortune ; mais ils n'y restent ordinairement pas long-temps, et préfèrent rentrer dans les pays musulmans, qui leur paraissent plus civilisés.

L'agriculture des Abazes suffit à leurs besoins; tout leur pays est extrêmement fertile. Indépendamment des bestiaux, ils élèvent beaucoup d'abeilles; ils sont bons forgerons et armuriers, et leur acier est excellent; les fusils, les sabres, les poignards et les couteaux qu'ils fabriquent sont très recherchés. On prétend qu'il y a dans leur pays de riches mines d'argent; mais ils ne veulent pas les exploiter, et ne permettent à aucun étranger d'entreprendre ce travail. Leurs femmes filent très bien le coton, et l'Abazie fournissait autrefois une grande quantité de fil de coton, qui était transporté à Smyrne et à Salonique.

Les Abazes sont depuis plusieurs années en guerre avec la Russie, qui ne possède dans leur pays que l'étroite enceinte du fort de Sokhoum-kalah; hors des murs de cette place, il n'existe pour les Russes aucune sûreté. Lorsque les soldats ont besoin d'aller couper du bois, ils ne marchent que bien armés, et en nombre suffisant pour ne pas craindre d'être enlevés par les Abazes; cependant ces derniers arrivent tous les jours aux avant-postes, souvent en assez grand nombre, armés de fusils et de poignards, qu'ils déposent avant d'entrer dans le fort, pour y faire leurs échanges.

GÉORGIENS.

Les *Géorgiens* s'appellent eux-mêmes *K'arthouli*, et diffèrent, pour l'extérieur et par leur idiome, de tous les autres peuples de l'isthme caucasien; ils occupent actuellement une grande partie de ce pays, celle qui s'étend depuis les rives de l'Alazani jusqu'à la Mer-Noire. Au nord ils ont le Caucase; au sud ils sont séparés en partie par le Kour et par les montagnes de Karabagh, de Pambaki et de Tchildir, de peuples qui parlent des langues différentes, et qui par conséquent ne sont pas de la même origine qu'eux.

Le christianisme se répandit en Géorgie dans le commencement du ve siècle, et devint bientôt la religion générale du pays. Comme la plupart des peuples qui ont adopté cette croyance, les Géorgiens ont rattaché leurs traditions, qui remontent à une très haute antiquité, à celles de la Genèse, et ont falsifié de cette manière leurs chroniques. Adoptant également les généalogies qui se trouvent dans les livres des Arméniens, ils prétendent qu'ils descendent, comme ceux-ci, de Thargamos, arrière-petit-fils de Japhet, fils de Noé. A travers toutes les fables qui enveloppent la tradition sur l'origine de cette nation, on découvre cependant qu'elle descendit de la haute chaîne de Pambaki, dont la double cime, appelée *Alaghès*, est encore couverte de neige au mois de juin. Les premiers Géorgiens se dirigèrent de là vers le nord, et peuplèrent les vallées qui se trouvent entre cette chaîne et le Caucase. L'histoire géorgienne indique le pays situé au sud du Kour, jusqu'aux rives du Bedroudji (nommé actuellement Debeté), comme résidence de K'arthlos, qui passe pour fondateur de la nation. C'est de ce canton que les Géorgiens se répandirent au nord, et plus tard à l'ouest, jusqu'à la Mer-Noire.

La nation géorgienne se partage en quatre branches principales, qui diffèrent entre elles tant par les dialectes qu'elles parlent, que par leur état moral et politique. La branche principale, qui en même temps est la plus civilisée, est celle des Géorgiens proprement dits ; elle s'étend sur le K'arthli, le Kakhéthi et l'Imiréthi, jusqu'aux bords du Tskhénis-tsqali, qui se jette dans le Phase. Les Pchavi et les Goudamaqari, qui occupent quelques vallées étroites du Caucase, à l'est de l'Aragvi supérieur, appartiennent à cette même branche, quoiqu'ils parlent l'ancien dialecte géorgien, qui diffère considérablement de celui qui est en usage aujourd'hui. Les habitans de la Mingrélie, de l'Odichi et de Ghouria, forment la seconde branche de la nation géorgienne; leur idiome est moins pur que celui de la première. La troisième ne contient que les Souanes, ou Chnaou; leur langue est encore plus dissemblable et mêlée d'un grand nombre de mots caucasiens, qui la rendent même inintelligible aux Mingréliens. Les Souanes habitent les hautes montagnes du Caucase, à l'ouest de l'Elbrouz, et au nord de l'Imiréthi, jusqu'aux sources du Tskhénis-tsqali, de l'Engouri et de l'Egrissi. La quatrième branche enfin comprend les Lazi, appelés par les Turcs Laj; c'est un peuple farouche, dont les habitations dans le Pont s'étendent depuis Trébisonde, le long de la côte de la Mer-Noire, jusqu'à l'embouchure du Tchorokhi, fleuve qui les sépare du Ghouria. Leur langue s'approche du mingrélien. Dans le moyen âge, le nom des Lazes était donné à tous les Géorgiens qui occupaient les rivages du Pont-Euxin.

Les Géorgiens n'étant pas originaires du Caucase, et n'occupant que les vallées du versant méridional de cette chaîne, je crois inutile de décrire leur manière de vivre, leurs mœurs et leurs usages; ces détails sont d'ailleurs suffisamment connus par les voyageurs qui ont parcouru leur pays. Nous avons vu que cette nation est tombée sous la domination russe; depuis cet événement, il est vraisemblable que son sort n'a pas empiré; cependant elle ne paraît pas très disposée à endurer un joug étranger; aussi les Géorgiens saisissent-ils toutes les occasions de se révolter.

PEUPLADES TURQUES.

Les *Peuples Turcs* qui habitent quelques vallées du Caucase et les belles plaines qui l'entourent du côté de l'orient, sont pour la plupart nomades. On les appelle vulgairement *Tartares*. Ils appartiennent à deux branches différentes de la souche turque; ce sont ou des Nogaïs, ou des Turcomans. Les Bazians occupent les Alpes caucasiennes entre les sources du Kouban, du Baksan, du Tcheghem, du Naltchik, du Tcherek et de l'Argoudan. Cette tribu, d'origine nogaïe, habitait autrefois les bords de la Kouma supérieure et les villes de Madjar; ce ne fut que dans le XVe siècle qu'elle se retira dans les hautes montagnes. Les Koumuk sont une autre peuplade turque; ils parlent un dialècte particulier, et occupent les promontoires nord-est du Caucase et les contrées arrosées par le Soundja, l'Aksaï et le Koï-sou inférieurs. Ils sont gouvernés par plusieurs petits princes, qui vivent presque toujours en mauvaise intelligence entre eux, et reconnaissent la suprématie de la Russie. Les Koumuk ont des villages stables; ils sont agriculteurs, ont peu de bétail, et s'adonnent à la pêche de leurs rivières, qui sont très poissonneuses. Les Turcs nomades du Daghestân sont d'origine turcomane, et s'appellent généralement *Tarekameh*.

Les recherches auxquelles je me suis livré pour connaître la population de l'isthme caucasien m'ont fourni le résultat contenu dans le tableau suivant; je crois pouvoir en garantir l'exactitude approximative, puisqu'il est tiré de pièces authentiques.

TABLEAU DE LA POPULATION DES PAYS SITUÉS ENTRE LA MER-NOIRE ET LA CASPIENNE.

TCHERKESSES.

	Familles ou maisons.
1. *Bezenlié*, sur la Laba supérieure, à la sortie des hautes montagnes, jusqu'au Khots.................................	1,600
2. *Moukhoch*, aux pieds des montagnes noires, boisées, sur les rivières qui se jettent dans le Yaman-sou.......	670
3. *Abazekh*, dans les cantons supérieurs où coulent le Pfarzekh, le Psefir, le Pchass et le Pchakh...............	15,000
4. *Temirgoï* ou *Kemour kwœhé*, confinent avec le Moukhoch et habitent principalement l'Arim.................	5,100
5. *Bjedoukh*, sur plusieurs rivières que le Kouban reçoit à gauche...	850
6. *Hattoukaï* ou *Hattikwœhé*, sur les bords du Chag'wacha.	460
7. *Chapchikh*, à l'ouest des Bjedoukh, dans les montagnes boisées qui s'étendent jusqu'à Anapa....................	10,000
8. *Bjana* ou *Jani*, sur l'Atta-koum et dans le voisinage......	240
9. *Adaly*, sur la rive gauche du Kouban, à son embouchure, et sur le liman de ce fleuve....................	420
10. *Skhegakaï*, sur le Bougour et ses affluens, tout près et au dessous d'Anapa.....................................	950
11. Tcherkesses de la *Grande Kabardah*........................	11,250
12. Tcherkesses de la *Petite Kabardah*........................	4,590
	51,130

ABAZES.

1. *Alti kessek*, ou *Petite Abaza*, sur le Kouban supérieur.	2,328
2. *Bechilbaï*, sur l'Ouroup...................................	4,500
3. *Midawi* ou *Madowé*, sur la Laba supérieure............	860
	7,688

Report.......... 7,688

4. *Barrakai*, sur le Khots et ses affluens, dans les cantons de Kounak-tav et Jighil Boulouko........................ 560

5. *Kazil beg*, entre les sources de la grande et de la petite Laba, jusqu'à la Mer-Noire................................ 260

6. *Tchegreh* et *Bagh*, sur la gauche de la Laba.............. 480

7. *Toubi* et *Ouboukh*, près de la Ch'ag'wacha et de Pchakh, jusqu'aux montagnes de neige et la Mer-Noire.......... 540

8. *Bsoubbéh*, au sud-ouest des précédens, jusqu'à la Mer-Noire et Sokoum-kalah 520

9. *Natoukhaï*, à l'ouest des Tcherkesses Chapchikh, sur les dernières montagnes noires, jusqu'au Mez-kiakh, qui se jette dans la Mer-Noire................................ 5,350

10. *Kouch'hazip Abazi*, ou Abazes qui habitent au delà des montagnes. Ce sont les tribus Ouboukh, Chachi, Ibsip, Koubikhan, Aratkhovas, Bah et Nalkoupi Madjavi. 38,500

53,898

NOGAÏ, AU DELA DU KOUBAN.

1. *Mantsour-oglou*, sur le Khots........................... 450

2. *Nawrouz-aoûl*, sur la Laba inférieure................... 650

3. Hordes qui appartiennent aux descendans des Sulthans de Crimée.. 180

4. Autres hordes dispersées sur la gauche du Kouban et ses affluens, jusqu'aux bords de la Mer-Noire, et sur les bords du Terek et de ses affluens 8,200

9,480

OSSÈTES.

1. *Dougores*, dans les vallées de l'Ouroukh et de ses affluens.. 8,300

2. Sur les bords du Dourdour et de l'Ours-don.............. 650

8,950

Report.......... 8,950

3. Tribus de Sakha, Nar, Sramaghi, Walaghir et Koubat,
   sur l'Arre-don et ses affluens........................... 9,450
4. *Tsmitti*, dans la vallée du Fiag...................... 1,800
5. *Tagaté* ou *Tagaouri*, sur le Kizil et le Gnal-don......... 1,260
6. *Tirsaou*, à la source et dans la vallée du Terek supérieur. 1,040
7. Dans la vallée du Terek, depuis Kobi jusqu'à Vladikavkas... 800
8. Sur le Makal-don, affluent de droite du Terek.......... 165
9. Ossètes, au sud de la chaîne principale du Caucase, en
   Géorgie.. 10,450
                                                        ─────────
                                                         33,915

MITSDJEGHI.

1. *Ingouches*, soumis et non soumis à la Russie.............. 4,600
2. *Terli, Kara-boulak, Soslanki, Meredji, Datakh* et *Al-
   koun*, entre l'Assaï et le Ghekhé...................... 7,350
3. Ingouches *Galga*, sur l'Assaï supérieur.................. 3,500
4. *Tchetchentses*, pacifiés et indépendans, dont on ne sait
   pas le nombre avec exactitude......................... 20,000
5. *Touchi*, au nord du Kakhethi........................... 400
                                                        ─────────
                                                         35,850

LESGHI.

1. *Avar* ou *Koundzakh*, sur le Koï-sou et l'Atala........... 14,700
2. *Tkœseroukh*, sur le Karak, affluent du Koï-sou.......... 420
3. *Hidatlé*, sur le Koï-sou.............................. 400
4. *Moukratlé*, sur le Karak............................. 200
5. *Ounsokoul*, sur le Koï-sou........................... 550
6. *Karakhlé*, sur le Karak, affluent du Koï-sou........... 1,230
7. *Gounbet*, sur le Koï-sou inférieur.................... 250
8. *Arrakan*, sur le Koï-sou.............................. 420
                                                        ─────────
                                                         18,170

Report..... 18,170

9. *Bourtunnœh*, sur le Takhara, affluent du Koï-sou....... 500
10. *Antsoukh*, sur les bords du Samoura..................... 1,500
11. *Thebeli*, sur la même rivière, au dessous d'Antsoukh.... 350
12. *Toumourghi*, au dessous de Thebel, sur le Samoura..... 160
13. *Tchilik*, sur le Samoura............................. 520
14. *Tchari*, *Belakani*, et autres tribus lesghi, dans les montagnes à l'est de l'Alazani.................................... 8,000
15. Républiques *Dido* et *Ounso*, aux sources du Samoura. 4,500
16. *Kaboutch*, entre les Dido et le Kakhéthi................ 1,000
17. *Andi*, sur un affluent du Koï-sou..................... 800
18. *Akoucha*, sur les bords du Koï-sou.................... 18,200
19. *Tsoudakara*, sur un des affluens du Koï-sou supérieur.. 2,000
20. *Koubitchi*, dans le Daghestân septentrional............... 1,000
21. *Kazi Koumuk*, sur un bras supérieur du Koï-sou........ 15,000
22. Territoire de *Djengoutaï*, dans le Daghestân septentrional ....., ... 6,500
23. Possessions de l'Ouzmeï des *Kaïtak*..................... 25,000
24. Possessions du kadi de *Thabasserân*..................... 10,000
25. Canton de *Kourœli*................., ... 5,000
26. *Makhsiler*, sur le Koï-sou inférieur.................... 400
27. *Cheki* ou *Chaki*...................................... 20,000

————

138,700

PEUPLADES TURQUES et TURCOMANES.

1. Possessions du Chamkhal de Tarkou..................... 12,000
2. Koumuk d'Aksaï, d'Endery et de Kostek................. 12,000
3. District de Derbend................................... 2,000
4. Territoire de Kouba..............................,..... 7,964
5. ————— Chamakhi 25,000
6. ————— Bakou.......................i....... 1,000
7. ————— Sallian........................... 2,000
8. Karabagh ou Chouchi................................... 5,000

————

65,964

	Report....	65,964
9. Gandja et Chamkhor..		7,000
10. Somkhéthi.		5,500
11. Chouraghéli		450
		79,914

PAYS GÉORGIENS.

1. Karthli et Kakhéthi..	40,000
2. Imiréthi..	35,000
3. Mingrélie	20,000
4. *Géorgie turque,* c'est-à-dire le pachalik d'Akhal-tsikhé, Gouria, Djavakhéthi et Narimani........................	25,000
5. Le pays des *Pchavi* et *Khevsouri*.........................	2,000
6. *Souanéthi,* dans les hautes montagnes au nord de l'Imiréthi..	3,000
	125,000

RÉCAPITULATION.

A. Tcherkesses	51,130
B. Abazes..	53,898
C. Nogaï...	9,480
D. Ossètes...	33,915
E. Mitsdjeghi	35,850
D. Lesghi	138,700
D. Peuplades turques et turcomanes........................	79,914
E. Pays géorgiens...	125,000
	527,887

Je ne pense pas qu'on puisse compter plus de neuf individus par deux maisons; peut-être moins dans les hautes montagnes, et plus dans les vallées inférieures, et dans les plaines de la Géorgie; ce calcul porterait donc le nombre total des habitans de l'isthme caucasien à 2,375,487.

RELIGION. — MOEURS ET USAGES.

Il n'existe pas de religion proprement dite chez les peuplades des hautes montagnes du Caucase; elles ne sont réellement ni chrétiennes, ni mahométanes; leur croyance n'est accompagnée d'aucun culte extérieur et généralement adopté; elles n'ont pas non plus de véritables prêtres. Cependant la plupart de ces tribus avaient été anciennement converties au christianisme par le zèle des empereurs grecs et des rois de Géorgie : quelques vestiges de cette religion se sont conservés dans la plus grande partie du Caucase.

Chez les Tcherkesses qui n'habitent pas les hautes montagnes, le christianisme s'est maintenu plus long-temps que chez leurs voisins; aussi voit-on encore dans leur pays un grand nombre de croix, qu'ils révèrent sans savoir ce qu'elles représentent. Les forêts qui entourent ces croix sont réputées sacrées; personne n'oserait y couper des arbres, ni même toucher aux objets qu'on y vient déposer. Les Tcherkesses et les Abazes se rassemblent devant ces croix à certains jours de l'année marqués par des fêtes solennelles. Ceux qui font la fonction de prêtres se revêtent d'un manteau de feutre, s'avancent vers la croix au milieu d'un peuple qui garde le plus profond silence, et adressent des prières à la divinité protectrice du pays, pour lui demander la conservation des champs, l'abondance des moissons, et la grâce de préserver le peuple de la peste. Plusieurs petites bougies sont attachées à la croix; on en prend une, avec laquelle on brûle un peu de poil d'un bœuf destiné à être immolé ; on commence par verser sur sa tête du bouza, boisson faite avec du millet fermenté ; on l'offre au Dieu, ainsi qu'un pain azyme, dans lequel il y a du fromage. La cérémonie se termine par des festins auxquels chaque habitant du canton a contribué plus ou moins, selon ses moyens, et enfin par des danses et des jeux. Ceux des Caucasiens qui ont embrassé la religion musulmane prennent également part à ces fêtes, et y assistent avec le plus grand respect. Ces mahométans sont en général très indifférens pour leur religion ; il paraît qu'ils la professent uniquement par politique pour les Turcs ; entre eux ils se moquent volontiers des pratiques et des cérémonies que cette croyance prescrit.

Les Tcherkesses et les autres peuplades du Caucase occidental célèbrent le premier jour de l'an presque à la même époque que nous. Ils connaissent la Pâque, qu'ils chôment en honneur d'un certain saint. Pendant les quinze jours qui la précèdent, ils s'abstiennent de manger des œufs. Le commencement de chaque saison est également signalé par des réjouissances. Parmi les divinités qu'ils révèrent, et qui ne paraissent pas devoir leur origine au christianisme, les principales sont : *Mérissa*, qui a quelque analogie avec Cérès, et qui est spécialement la protectrice des abeilles. Les Tcherkesses prétendent qu'à une époque où ces utiles insectes périrent tous, la seule qui survécut alla se réfugier dans la manche de Mérissa, qui l'y conserva, et que c'est de cette abeille que viennent toutes celles qui existent maintenant. La fête de cette divinité est célébrée en été.

Les Tcherkesses coupent dans la forêt un jeune poirier; après l'avoir extérieurement dépouillé de ses branches, ils portent chez eux ce tronc ébranché, qu'ils adorent comme une divinité : ils l'appellent *Séossérès;* on en voit un chez presque toutes les familles. Vers l'automne, le jour consacré pour sa fête, on le porte en grande cérémonie dans l'intérieur de la maison, au bruit de différens instrumens et des cris de joie de tous les habitans, qui le complimentent sur son heureuse arrivée; il est couvert de petites bougies, et à son sommet est attaché un fromage. On forme un cercle autour de ce tronc; on boit du bouza, on mange, on chante, ensuite on le congédie, et on le replace dans la cour, où il passe le reste de l'année appuyé contre le mur, sans recevoir aucune marque de respect particulière. On le regarde comme le protecteur des troupeaux. Il a deux frères. Le protecteur des forgerons s'appelle *Tlièbse.* Le jour de sa fête on fait en son honneur des libations sur un soc et sur une hache. Les Russes et autres chrétiens qui ont visité le pays des Tcherkesses ont pris Mérissa pour la Vierge Marie, Tlièbse pour David, et le bâton Séossérès pour saint Jean.

La plupart des Caucasiens ont une grande vénération pour le tonnerre. Si quelqu'un est tué par la foudre, ils disent que c'est le prophète Élie qui l'a frappé, parce que la bénédiction de l'Éternel l'avait distingué. On pousse des cris de joie, on chante, on danse autour du corps; tout le monde accourt pour participer à cette joie et célébrer le bienfait d'Élie. L'orage passé, on revêt le défunt d'autres habits, on le replace, étendu sur un coussin, au même endroit et dans la position où il a été trouvé, et l'on continue à danser jusqu'à la nuit. Les parens du défunt chantent, dansent, et montrent la même gaieté qu'à une fête, car un visage triste est regardé comme offensant pour le prophète Élie, et par conséquent comme digne de châtiment. Cette fête dure huit jours, après lesquels l'enterrement a lieu avec beaucoup de solennité; il est suivi de festins; enfin on élève un grand tas de pierres sur le tombeau, près duquel on suspend la peau d'un bouc noir à une grande perche, et les vêtemens du défunt à une autre.

Le prophète Élie joue en général un très grand rôle dans les croyances des Caucasiens; beaucoup de rochers et de cavernes lui sont dédiés. Dans le voisinage du grand village Ossète, nommé Kakadour, on voit au bout d'une plaine un rocher très élevé, sur le sommet duquel il y a une de ces cavernes, regardée comme un sanctuaire : on en raconte des prodiges sans nombre. On dit que sa partie supérieure est de couleur verte; qu'il y a au milieu une pierre très haute qui tient lieu d'autel, et qui a une cavité dans laquelle se trouve un gobelet d'argent, rempli de bière. L'entrée de cette caverne n'est connue que de l'homme qui vient annuellement y offrir des sacrifices. Au-dessous du rocher où est cette grotte, les bestiaux paissent sous la protection du saint en toute sûreté, sans qu'on ait besoin de les garder, parce que la mort et l'aveuglement punissent quiconque oserait les toucher. Au lieu de faire un serment solennel, il suffit de monter avec confiance de la plaine vers la caverne. Les Ossètes du voisinage racontent qu'un de leurs compatriotes, fait prisonnier, s'étant enfui dans les pays occi-

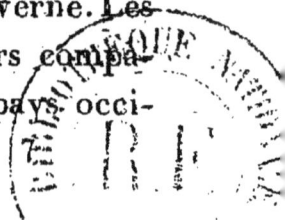

dentaux, et ne trouvant pas la route pour retourner dans sa patrie, rencontra un chat qui se métamorphosa en aigle, l'enleva, et le porta, par-dessus les mers et les montagnes, jusqu'à la vallée dans laquelle est situé Kakádour. C'est le chef de la famille issue de cet homme qui fait tous les ans le pélerinage à cette caverne; il doit être alors en état de pureté, et vêtu d'habits neufs, faits par lui-même. Durant le sacrifice il aperçoit une lumière sacrée, et quand le gobelet de bière placé sur l'autel déborde, il prédit des moissons abondantes, la paix, l'union, et des temps heureux. Une grande partie des tribus ossètes honorent cette caverne, et tous les ans, en été, elles célèbrent, dans la plaine qui est au-dessous, une grande fête dans laquelle on offre à Élie de la bière, des bœufs, des moutons. Le lendemain, le grand-prêtre reçoit de chaque métairie la moitié d'un mouton et un peu de pain; il mange ces provisions avec les anciens de son village, dans un festin public, pendant lequel il raconte les apparitions et les prophéties dont il a été favorisé.

De semblables cavernes, dédiées au prophète Élie, ou à d'autres saints, se trouvent chez diverses tribus ossètes et mitsdjeghies. Dans le Daghestân, celle du mont Bech-barmak, presque sur les bords de la mer Caspienne, est la plus célèbre. On y montre la table, le lit et la chaise d'Élie; ce sont des blocs de rocher, dans lesquels l'imagination voit les meubles du prophète. Cependant, comme le Bech-barmak est situé dans un pays actuellement mahométan, on n'y offre plus de sacrifices. Dans les autres cantons du Caucase, où l'islamisme n'a pas pénétré, on offre à *Ilia,* ou Élie, dans les lieux consacrés, des chèvres

dont on mange la chair, et on en étend la peau sur un
grand arbre. Le jour de la fête de ce saint, ces peaux
sont honorées d'une manière particulière, afin que le
prophète éloigne la grêle et accorde une riche moisson.
Les habitans des hautes montagnes se rendent souvent à
ces endroits, et s'y enivrent avec la fumée du *rhododendron caucasicum;* ils s'y endorment bientôt, et regardent
leurs rêves comme un présage d'après lequel ils règlent
leurs actions.

De même que chez les Tcherkesses, on trouve dans les
forêts, chez les Ossètes et les Mitsdjeghis, d'anciennes
églises et des croix qui sont très révérées. L'intérieur des
églises, qui datent pour la plupart du temps de Thamar,
reine de Géorgie, est très noirci par la fumée des nombreux sacrifices qui s'y font tous les ans : on y trouve
une grande quantité d'os et de cornes de victimes; parmi
les dernières, on en remarque souvent plusieurs d'une
grandeur démesurée; elles doivent appartenir au Doum-
baï (*urus*). D'autres viennent du bouc sauvage et du
bouquetin du Caucase.

Les montagnards païens observent encore le grand
jeûne de l'église grecque, qui précède la Pâques, et qui
dure huit semaines, pendant lesquelles ils s'abstiennent
de viande, de beurre et de lait; ils ne mangent alors que
du pain et des végétaux; quelques uns observent d'autres
carêmes. Après le grand carême, ils se rassemblent
près des églises et des chapelles; les anciens font la
prière, et l'on mange de la viande en commun, ce qui
se pratique de la manière suivante : avant de brûler les
os de l'animal qui a été immolé, le plus âgé de la com-

munauté se met à genoux, tenant à la main un petit bâton, au bout duquel est suspendu un peu de graisse ou
un morceau de rognon; il en distribue une parcelle à
chacun des assistans, et jette le reste au feu. La coutume
de brûler les os de la victime, excepté ceux de la tête, a
quelque chose d'analogue avec celle de l'agneau pascal
des Juifs.

Le jour de Saint-Michel, les Tcherkesses tuent des
bœufs et font de la bière; ils tuent des chèvres à Noël,
et des cochons le jour de l'an; ils croient à l'influence
des bons et des mauvais esprits; ils révèrent encore par-
ticulièrement saint Georges, saint Michel et saint Nicolas.
Ils prétendent que ce dernier se montre souvent sous la
forme d'un aigle.

La plupart des tribus montagnardes du Caucase ont
des devins qui habitent les rochers sacrés, et qu'on appelle saints hommes; ils sont chargés d'accomplir les
cérémonies dans les sacrifices ordinaires, et, moyennant
un cadeau, ils découvrent l'avenir à ceux qui les consul-
tent. Il y a aussi des vieilles femmes et des vieillards qui,
le soir de la Saint-Silvestre, tombent dans une espèce
d'extase, de sorte qu'ils restent étendus à terre, immo-
biles, comme s'ils dormaient. En s'éveillant, ils disent
qu'ils ont vu les ames des défunts, tantôt dans un grand
marais, tantôt montées sur des cochons, des chiens ou
des boucs : lorsqu'ils voient une ame sarclant du blé
dans les champs et le portant dans le village, ils en au-
gurent une moisson abondante.

Les Caucasiens ont une grande vénération pour les
étoiles tombantes, qu'ils appellent étoiles ou croix vo-

lantes, ou saints volans. Lorsque la nouvelle lune paraît
pour la première fois sur l'horizon, tous ceux qui la
voient tracent en l'air, avec leurs couteaux ou leurs poignards, des croix vers la lune et vers les étoiles, et dé-
crivent de la même manière un cercle de croix autour
d'eux, parce qu'ils regardent l'apparition de la nouvelle
lune comme un phénomène très saint.

Ces peuples donnent un caractère singulier au serment. Lorsqu'un vol a été commis dans une tribu, tous
ses membres jurent par un chien, par un chat, ou par
les morts. L'accusé parcourt le village avec un chien, et
s'écrie à haute voix : « Je veux tuer ce chien. » Alors le
véritable voleur avoue ordinairement son délit, parce
qu'une croyance établit que participer à la mort d'un
chien porte malheur. Celui qui prête serment coupe
souvent la tête d'un chat, ou bien il pend un chien, en
disant que l'animal vengera le parjure en égratignant,
en mordant et en tourmentant le coupable. Quiconque
soupçonne un de ses voisins de l'avoir volé, le conduit à
l'endroit où ses proches sont enterrés, et l'accusé, se
mettant près du tombeau de son père, de sa mère ou de
son frère, s'écrie : « Si j'ai volé, je veux dans l'autre
« monde servir de cheval à mon père, à ma mère ou à
« mon frère; mais, si je suis innocent, que cette puni-
« tion tombe sur le coupable. » Mettre des excrémens d'a-
nimaux au bout d'un bâton, et prononcer l'imprécation :
« Que le voleur en soit rassasié dans l'autre monde, »
garantit mieux un troupeau que ne le ferait un gardien.
Pour marque d'une alliance, on enfonce un pieu dans la
terre, en déclarant que le transgresseur est hors de la loi.

Cependant on trouve dans les pratiques religieuses de tous les peuples qui habitent les hautes montagnes, depuis le pays des Lesghi jusqu'aux bords de la mer Noire, tant de vestiges de christianisme, qu'on ne peut douter qu'ils ne soient des chrétiens dégénérés, qui ont repris la plupart des superstitions de l'ancien paganisme. Ils n'ont toutefois aucune notion du baptême. Les anciens des familles les plus considérables, qui sont en relation avec les Tcherkesses et les Lesghi mahométans, se disent sectateurs de l'islamisme; mais ils ne le prouvent qu'en s'abstenant de la chair de porc, et ne savent pas même réciter leurs prières ordinaires, en langue arabe.

Ces peuples n'ont pas de lois proprement dites, et la propriété n'est en sûreté qu'autant qu'elle est défendue par la force. Chaque village a cependant ses anciens, qui cherchent à terminer les différens, et maintiennent l'ordre passablement : ils sont généralement respectés; mais on ne leur paie aucune espèce d'impôt ni de rétribution. Ils se mettent presque toujours à la tête des expéditions de brigandage, et ont une grande influence sur les résolutions de leurs compatriotes.

Quoique les farouches habitans du Caucase soient encore loin d'un véritable état de société, deux grands principes, généralement adoptés parmi eux, contribuent puissamment à brider les passions atroces, ce sont *les devoirs de l'hospitalité,* et *la vengeance du sang répandu.* L'un de ces principes est le complément de l'autre. L'hospitalité des Caucasiens ne consiste pas seulement à recevoir un étranger avec bienveillance dans sa maison, à le nourrir et à

le protéger, elle fait contracter une alliance convention-
nelle entre deux individus ou deux familles, alliance que
personne ne peut rompre sans s'attirer la haine de toute
la tribu, et sans encourir la juste punition du manque
à la foi jurée. Si un Caucasien en prend un autre sous sa
protection, ou s'il l'accueille comme son hôte, celui-ci
peut compter sur lui en toute sûreté, et même lui con-
fier sa vie. Jamais son *konak* (c'est le nom de cette espèce
d'allié) ne le trahira, ni ne le livrera à ses ennemis. Si
ceux-ci menacent d'emmener l'hôte de vive force, la
mère de la famille qui lui donne hospitalité lui fait sucer
le lait de son sein, et le reconnaît ainsi pour son fils légitime; ses nouveaux frères sont alors obligés de le défendre contre ses ennemis, au péril de leurs jours, et, s'il
est tué, de venger son sang. Ces services sont réciproques
entre les deux *konak*, ou entre les familles alliées par ce
principe de garantie mutuelle.

La vengeance du sang répandu est encore plus rigoureusement exercée dans le Caucase que chez les Bedouins;
c'est un devoir sacré qui passe de père en fils; son effet
s'étend à toute la famille de celui qui a provoqué cette
vengeance en commettant le premier meurtre. L'obser-
vation de ce principe est la cause ordinaire des guerres
entre les tribus caucasiennes; leur haine implacable
contre les Russes est en partie produite par le même
motif. Il y a pourtant un moyen de racheter le sang répandu, mais rarement on a recours à cet expédient, qui
n'est pas toujours sûr, car il arrive souvent que les plus
proches parens de celui qui est tombé sous le fer du
meurtrier entrent en composition avec celui-ci, tandis

qu'un neveu éloigné lui fait subir l'effet de sa vengeance.
Si le meurtrier est riche, il peut, par des présens donnés
à la famille ennemie, suspendre l'exécution du droit du
talion ; mais il est difficile de l'empêcher pour toujours.
C'est pour cette raison qu'on voit fréquemment dans la
même maison celui qui doit tomber victime d'un meurtre
qu'il a commis, et l'homme sur lequel pèse le devoir d'exécuter cette vengeance. Rien ne fait soupçonner dans leur
conduite l'un envers l'autre qu'ils soient ennemis, et cependant l'offensé épie sans cesse l'occasion d'apaiser les
mânes de son parent ou de son hôte par la mort du
meurtrier. Vingt ans, et même un plus grand nombre
d'années, s'écoulent souvent avant que la vengeance s'ac-
complisse, et sans que les deux parties aient pendant ce
temps la moindre querelle ensemble. L'exemple suivant
montrera l'effet singulier produit quelquefois par le droit
du talion dans le Caucase. Un Ossète, nommé Bauto, tua
d'un coup de fusil un de ses compatriotes, en 1759 ; neuf
ans après il fut assassiné pour ce forfait par Ahmed, fils
aîné de Mambed. Ahmed adopta aussitôt Kaitoukho,
fils unique de Bauto, qui n'avait alors que cinq ans. Cet
enfant fut élevé avec les fils d'Ahmed ; les soins que son
père adoptif lui prodigua firent naître en lui le senti-
ment de la piété filiale, et les habitudes de la jeunesse le
portèrent à chérir ses nouveaux frères. Arrivé à l'âge de
puberté, Ahmed lui accorda les mêmes avantages qu'à
ses propres fils, lui donna une épouse, et le réintégra
dans tous les biens de son père. Mais aucun de ces sacrifices n'avait été capable de faire taire la voix intérieure
qui excitait Kaitoukho à venger la mort de l'auteur de

ses jours. Cependant il ne parvint pas à accomplir ce devoir; il fut tué, en 1784, dans une expédition contre les Tchetchentses. Alors Tevo, fils du frère de son père, hérita de la vengeance avec les autres biens de son oncle; et quoique Ahmed cherchât à éviter le sort qui le menaçait par des présens considérables et par des démonstrations d'amitié faites à Tevo, il n'osa cependant jamais sortir de la limite de ses possessions sans être accompagné d'un cortége nombreux qui pût le protéger contre les attaques de son ennemi. C'est ainsi que la vengeance est devenue chez les Caucasiens une partie de l'héritage; c'est une dette que celui qui le recueille est obligé de recouvrer tôt ou tard, s'il ne veut pas s'exposer au mépris de ses compatriotes.

Un autre exemple démontrera que la vengeance du sang d'un hôte est aussi obligatoire que celle du sang d'un père et d'un parent. Missost, fils d'Ahmed, propriétaire du village de Tchim, tua Alkhest Mouldaraté, prince tcherkesse, qui avait tenté d'enlever de force sa sœur. Le quatrième frère de ce Missost, nommé Arslan bey, vengea la mort du prince tcherkesse, dont il était le *konak*, ou l'hôte ami, en tuant son propre frère d'un coup de pistolet pendant qu'il dormait sur une échauguette; puis il se réfugia chez les Ingouches, où il vivait encore avec sa famille en 1811.

CHAPITRE V.

Division politique des pays Caucasiens. — Possessions russes. — Possessions turques. — Provinces limitrophes de la Perse.

I. POSSESSIONS RUSSES.

I. *Pays Géorgiens.* Le *Kharthli* et le *Kakhéthie* furent définitivement incorporés à l'empire russe en 1802. On en forma le gouvernement de *Grouzia,* nom qui est une corruption du mot turc *Gurdji*, désignant les Géorgiens. Les écrivains allemands et autres l'ont encore plus défiguré en le changeant en *Grouzie* ou *Grouzinie*, et il y a eu des géographes qui ont copié cette faute avec un air de prétention, afin de paraître plus savans que leurs prédécesseurs. Tiflis devint alors le siége d'un gouverneur, qui reçut le titre de *Pravitel Grouzia* ou d'*Administrateur de la Géorgie.* Il fut placé sous la dépendance du gouverneur-général, commandant des troupes stationnées dans les provinces d'Astrakhan, du Caucase et de la Géorgie. Ce dernier réside également à Tiflis. L'administrateur ne s'occupe que des affaires civiles. On divisa à la même époque la Géorgie en cinq districts, ceux de Gori, Lohri, Douchéthi, Thélavi et Signakhi. Les bureaux et les administrations furent-établis à Tiflis; savoir, l'expédition exécutive, ou le véritable gouvernement, la chambre des domaines et le trésor, le tribunal criminel et le tribunal civil; enfin une commission médicale. Les chefs-lieux des districts eurent des commandans, des directeurs de police, des trésoriers, des tribunaux provinciaux, et des magistrats furent placés dans tous les lieux où ils parurent nécessaires. Les frais annuels de l'administration de la Géorgie s'élevoit à 71,020 roubles en argent (environ 284,080 francs) : 240,000 furent destinés à la construction de bâtimens pour les bureaux du gouvernement et pour d'autres objets. Les postes les plus éminens dans la magistrature furent donnés de préférence aux princes et nobles géorgiens, en cas d'égalité de talens. Les causes judiciaires devaient être décidées d'après les lois russes, en consultant cependant le Code géorgien du roi Vakhtang; et dans les affaires criminelles on devait avoir égard aux idées généralement reçues parmi les indigènes.

Le roi Vakhtang, qui régnait au commencement du 18e siècle, fit traduire du grec les lois de l'empereur Léon le philosophe, et celles des rois d'Arménie; il revit lui-même ces traductions, et y joignit plusieurs additions importantes. Ce Code, dont une copie se trouve à Paris, à la bibliothèque royale, jouit d'une grande estime dans tous les pays caucasiens; plusieurs peuples des montagnes s'en servent pour décider leurs différens. Malgré les efforts de Vakhtang pour donner à ses lois le plus haut degré possible de clarté et de perfection, et pour introduire dans ses États une bonne administration de la justice, il prévit que ni lui ni ses successeurs ne pourraient y réussir complétement; il termina son Code par la phrase suivante, qui n'est pas très flatteuse pour ses sujets : « J'ai rédigé ce livre de lois, » mais en Géorgie on n'a jamais jugé avec équité, et on » n'y jugera pas non plus à l'avenir, sans s'écarter des » règles qu'elle prescrit. »

Quant aux provinces nouvelles que la Russie a acquises au sud du Caucase, elles ne peuvent être gouvernées toutes de la même manière. Les pays habités par des chrétiens du rit grec et arménien, sont susceptibles de recevoir des institutions semblables à celles qui existent en Russie, mais il n'en est pas de même des contrées mahométanes. Il serait difficile d'introduire dans ces dernières les lois russes qui n'admettent pas la peine de mort. Suivant l'opinion des nations asiatiques, une espèce de cruauté est indispensable à un gouvernement qui veut être fort, et on conçoit facilement que la peine capitale est nécessaire dans des pays où la vengeance du sang répandu est regardée comme un devoir sacré. Dans l'état actuel de civilisation des peuplades du Caucase, on ne parviendrait pas à leur faire comprendre que le meurtre peut être autrement puni que par la mort du meurtrier, et qu'une punition corporelle et l'exil du criminel en Sibérie soient une satisfaction complète pour la famille et les alliés de celui qui est tombé sa victime. Dans plusieurs de ces provinces, les Russes se sont contentés de laisser les anciens chefs, et de ne leur imposer qu'un tribut assez médiocre; mais par ce moyen, ils ne parviendront jamais à s'attacher sincère-

ment des tribus mahométanes, que leurs idées superstitieuses et fanatiques empêcheront toujours d'être sincère-
ment soumises à des maîtres qu'ils qualifient de mécréans.

De tout temps le paysan serf a été opprimé en Géorgie
par les princes et les nobles auquel il appartient. Le
maître s'appropriait presque tout ce que le serf ga-
gnait, et chaque famille de cultivateurs était de plus
obligée de fournir annuellement au roi soixante-sept
livres de froment, indépendamment de l'impôt foncier.
Les habitans des villes payaient environ 40 francs par
famille ; de sorte qu'on pouvoit évaluer ainsi le revenu
que le roi de Géorgie tirait de ce pays :

Impôts directs..................................	2,400,000 f.
Douanes rapportaient............................	100,000
Mines de Somkhéthi, en or et en argent.........	252,000
Impôt des districts mahométans qui bornent la Géorgie au sud...............................	60,000
Total.....	2,812,800

Ces revenus, qui avaient diminué beaucoup depuis
l'invasion des Persans en Géorgie et la dévastation de
Tiflis, paraissaient si insignifiantes au gouvernement
russe, qu'on les *destina* à la réédification des bourgs et
des villages, détruits pendant les troubles continuels qui
avaient agité le pays.

Il n'est pas probable que les revenus aient considérablement augmenté depuis que les Russes possèdent
le pays ; mais il est certain que depuis cette époque on a
envoyé annuellement huit millions de francs en Géorgie,
pour subvenir aux frais d'entretien d'une armée de 30 à

40,000 hommes, stationnés au sud du Caucase, afin de
défendre les provinces nouvellement acquises contre les
invasions des Turcs, des Persans et des peuples des montagnes. Cette armée ne trouvant pas dans les contrées
qu'elle occupe les vivres dont elle a besoin, on est obligé
de les expédier en grande partie par la mer Noire, et à
travers le Caucase, par un chemin où les voitures ne
peuvent passer qu'avec de grandes difficultés. Tous les
autres objets nécessaires pour l'équipement et l'armement des troupes arrivent de la même manière en Géorgie; on peut donc juger que la possession de cette contrée doit être très onéreuse pour la Russie. Quarante
mille hommes suffisent à peine pour tenir en bride et
la population de la Géorgie et les tribus guerrières du
Caucase, qui épient toutes les occasions pour piller le
pays et emmener les habitans en esclavage.

Au lieu d'employer les moyens de se faire aimer
et respecter dans ces provinces nouvelles, le gouvernement russe a commis la faute grave de se servir de la
Géorgie comme d'un lieu d'exil pour les officiers qui
ont commis des fautes graves dans leur service, et les
comptables qui ont malversé. On les envoyait dans ce
pays pour y occuper des emplois moindres que ceux
qu'ils avaient eus précédemment en Russie; or, est-ce un
bon moyen de se concilier l'estime d'un peuple, peu
disposé en faveur des étrangers conquérans, que de lui
donner pour administrateurs des hommes qu'on a bannis
de chez soi pour leur mauvaise conduite? Ce motif et
plusieurs autres sont cause qu'en Géorgie on a peu d'at-
tachement pour les Russes.

Les belles vallées du versant méridional du Caucase sont fertiles, mais elles ne sont pas cultivées. On y récolte principalement du blé, de l'orge de l'avoine, du froment, des lentilles, du maïs, du riz, du coton et du chanvre. Le paysan géorgien se borne à semer les céréales dont il croit avoir besoin pour se nourrir lui et sa famille, et pour aller échanger dans les villes voisines contre d'autres choses de première nécessité. Le caractère paresseux de cette nation ne lui permet pas de se livrer à des travaux et à des entreprises qui pourraient l'enrichir; tout le commerce se trouve entre les mains des Arméniens; il ne consiste d'ailleurs que dans le trafic des marchandises, et ne s'étend pas aux productions de la terre.

Malgré la fertilité du sol, l'agriculture est encore dans son enfance en Géorgie. La charrue, dont on se sert ordinairement, est si lourde, qu'il y faut atteler six ou huit paires de buffles. Entre deux paires, un homme assis sur le joug excite les buffles en criant et en les frappant; un autre, placé au manche, dirige la charrue, et appuie souvent le pied sur le soc quand il ne s'enfonce pas assez avant dans la terre. Comme cette charrue ne verse constamment la terre qu'à droite, il faut, quand on veut tracer un sillon tout près d'un autre, commencer toujours par le même bout, ou bien, ce qui est plus avantageux, labourer une pièce de terre de deux côtés en même temps. Le sillon a un pied et demi de largeur et plus d'un de profondeur. Avec cette charrue, qui occupe seize buffles et cinq hommes, on peut, en quatre heures, labourer 43,470 pieds carrés. — La herse que l'on emploie pour recouvrir la semence est encore plus défectueuse que la charrue. On prend une forte planche longue de sept pieds sur un pied de largeur; on fixe contre cette partie une perche à laquelle on attache, par leur gros bout, des arbres de longueurs différentes, et on laisse traîner leurs branches. Au milieu de la planche on fixe, par une courroie, un timon auquel on attèle plusieurs paires de bœufs les uns derrière les autres : pendant que ces animaux traînent la herse, un ou deux hommes se tiennent debout sur la planche, afin que la terre étant fortement pressée, la semence soit bien enterrée par le gros bout des arbres, dont les branches traînantes la recouvrent encore mieux de terre.

La production principale de la Géorgie est le vin, qui est d'une qualité excellente, et abonde tellement dans les pays situés entre la mer Noire et la Caspienne, qu'il deviendrait l'article le plus important de l'exportation, si l'on pouvait introduire une meilleure manière de le préparer et de le garder. A présent on le presse sans soin, et on le laisse fermenter avec si peu de précaution, qu'il ne dure pas même jusqu'à la vendange suivante. Pour le transporter on se sert d'outres, faites avec des peaux entières d'animaux, qu'on enduit intérieurement de pisasphalte, pour les rendre impénétrables, ce qui donne au vin un très mauvais goût, et contribue à l'aigrir. Jusqu'à présent les Géorgiens ont été trop insoucians pour mettre le vin en barrique, seul moyen de le conserver et de l'améliorer; leurs montagnes fournissent pourtant du bois excellent pour faire toute espèce de fútailles; il suffirait d'envoyer dans ce pays des tonneliers. Pendant mon séjour à Tiflis, un Hongrois, nommé *Martini*, auquel le général Goudovitch avait confié la direction de quelques vignobles appartenant au gouvernement, avait fait avec les raisins du Kakhéti plusieurs espèces de vin qui pouvaient se comparer aux bonnes qualités du Bourgogne : la mort de cet homme empêcha de suivre ces expériences utiles ; d'ailleurs elles n'étaient pas bien vues de la part des indigènes du pays, qui alors, nourrissant encore l'espérance d'échapper à la domination russe, craignaient que l'amélioration des vins de leur pays ne contribuât à disposer les Russes à ne pas quitter de sitôt la Géorgie. En effet, si l'on portait une attention particulière à la préparation du vin dans les pays caucasiens, ces contrées seraient en état de fournir à la Russie tout ce qu'elle en consomme; mais avant d'y parvenir il y a encore beaucoup à faire en Géorgie, où la crasse ignorance et les préjugés se montrent, comme ailleurs, les ennemis les plus invétérés de toute réforme salutaire.

⚹ *Tiflis*, la capitale de la Géorgie, est bâti sur les bords du Kour, appelé en géorgien *Mtkwari*. Cette ville se divise en trois quartiers : *Tiflis* proprement dit, ou l'ancienne ville, dans laquelle sont les bains chauds, qui est située au sud-est du Kour et peu considérable; *Kalah*, ou la citadelle, au nord de la précédente ; à l'ouest du fleuve est la plus peuplée ; enfin le faubourg d'*Isni*, séparé des deux autres parties par le seul pont qui traverse le Kour dans cette cité. Originairement *Tiphlissi* n'était qu'un village ; mais vers l'an 380 de notre ère et sous le règne de Varza Bakour, vingt-septième roi de

Géorgiè, le gouverneur persan de ce pays, construisît près de ce village un fort; et en 469, le vaillant roi Vakhtang Gourgaslan, ou le loup-lion, y bâtit la ville de Tiflis, qui, ayant été ensuite dévastée par les Khazars, fut rebâtie par l'émir Agarian, et devint la résidence de la famille royale des Bagrathides, après la destruction de Mtskhétha.

La partie de la ville située à l'ouest du Kour forme à peu près un rectangle, dont le côté le plus long est baigné par le fleuve; à l'ouest elle est entourée de jardins; le côté du sud-est est appuyé sur la montagne de Solalani, et la partie de la ville qui y est bâtie descend en terrasse. Sur cette montagne s'élève, du côté du Kour, le fort de Narakléa. Un mur, avec des embrasures, long d'un quart de lieue et haut de seize pieds, part de ce fort, traverse la crête de la montagne, et se dirige à l'ouest jusqu'au fort Chardakhti, aujourd'hui détruit; il descend ensuite le long des côtés occidental et septentrional de la ville jusqu'au Kour. Son enceinte renferme donc une grande partie de la montagne où l'on ne voit aucun bâtiment. Au sud et derrière le mur, coule le *Tsakwissi*, ruisseau qui vient d'un village du même nom; il traverse une vallée profonde, entourée de hauts rochers très escarpés, et qui est fréquentée en été à cause de l'ombre et de la fraîcheur dont on y jouit. A l'ouest de Tiflis s'élève le mont Ichtourdouki, et sur sa pente on voit les ruines du couvent Mtha-tzminda, célèbre par les miracles qui s'y opèrent.

Tiflis, détruit en 1796 par Agha Mohammed-khan, n'a été reconstruit que fort lentement. Les rues, ou pour

mieux dire les ruelles de cette ville, sont presque toutes
très étroites et irrégulières ; aucune n'est droite, à l'exception des nouvelles rues, qui traversent les parties de
la ville que le général Yermolov a fait rebâtir à la manière européenne. Les maisons et les murs qui les entourent sont construits en briques larges et plates, souvent mêlées de pierres ordinaires et de quartiers de rocher, ou formant alternativement avec ces derniers des
assises, liées ensemble par de la terre glaise ou un peu
de chaux. Les maisons des plus riches habitans seules
ont des fenêtres vitrées; dans les autres, les carreaux sont
remplacés par des feuilles de papier quelquefois huilé.
Le verre est excessivement cher en Géorgie, parce qu'on
ne le fabrique pas dans le pays ; il vient de Russie. Les
portes qui donnent dans la cour servent souvent de fenêtres, et on les laisse ouvertes pour donner du jour
dans les chambres. En général Tiflis est une ville très
laide. Le Kour, dont l'eau est trouble à cause du limon
qu'il charrie, a un cours très rapide et occasionne souvent des inondations. Les marchés publics sont remplis
de boues. La plupart des bains naturels sont malpropres;
enfin, malgré toutes les améliorations introduites par les
Russes, Tiflis est une ville très misérable : cependant
la foule se presse dans ses rues et ses habitans ont l'air
très affairé.

Les bazars, quoique agrandis par les soins du général
Yermolov, n'ont rien d'imposant. Les boutiques forment des allées couvertes, qui traversent tout le bazar :
quelques unes sont extrêmement obscures et les autres
ne sont guère plus claires ; mais ces allées sont sans cesse

animées par le bruit que font les ouvriers et les passans.
Chaque quartier du bazar est affecté à un genre d'industrie particulier. Quand on approche d'une petite place
entourée de boutiques, un tintamarre horrible annonce
qu'on est dans le quartier des chaudronniers. Le cuivre,
qui leur est vendu brut par le gouvernement, pro-
vient des riches mines du Somkhéthi ; ils le mettent
en feuilles avant de le façonner. A peu de distance,
les potiers étalent des vases de terre : une vingtaine de
boutiques sont occupées par les orfèvres qui ont toujours
du travail, l'argenterie, quoique grossièrement faite,
étant un des objets habituels de luxe dans le pays : ils excellent dans l'art d'émailler. Près des bains sulfureux, on
trouve les fourbisseurs les plus renommés pour donner
aux sabres et aux poignards une trempe supérieure ; ils
se servent de l'acier de Khorassân, qui est excessivement
cher. Ils savent aussi parfaitement damasquiner les armes.
Dans l'intérieur du bazar, quelques ouvriers fabriquent
des tapis de feutre à la manière persanne; non loin de là
se trouvent les fileurs de soie, qui ont le talent de donner
à cette substance, en employant les plantes du pays, des
couleurs brillantes et solides. Les corroyeurs, au lieu de
tanner le cuir, l'apprêtent en le passant continuellement
entre deux cylindres de bois, et finissent par lui donner une élasticité et une force supérieure aux cuirs
préparés en Europe. Enfin un grand nombre de boutiques sont destinées aux bottiers, cordonniers et four-
reurs. Ceux-ci fabriquent des bonnets de peau de mouton et d'agneau d'Astrakhan, noirs et gris, également
en usage en Perse et en Géorgie, et qui ne diffèrent

chez les deux peuples que par la forme plus ou moins élevée.

Les caravanseraïs de Tiflis ne sont ni beaux ni spacieux, ni bien fournis de marchandises d'Asie. Ceux des Turcs et des Persans sont des édifices carrés, qui ressemblent assez à des prisons. Bâtis autour d'une cour, ils ont deux rangs de boutiques l'un au-dessus de l'autre; le nombre de ces petites boutiques est très considérable : elles sont sans meubles et servent aux marchands étrangers de magasin et d'habitation. Pendant le jour, ces marchands s'y tiennent assis par terre, fumant leur pipe, en attendant les acheteurs; la nuit, ils y couchent sur des tapis ouatés, et ne quittent le caravanseraï que lorsqu'ils ont vendu toutes leurs marchandises.

Le général Yermolov a fait construire près de sa demeure deux rangs de grandes boutiques, auxquelles on donne également le nom de caravanseraïs, mais il n'y a que peu de marchands. C'est dans le même quartier qu'on a commencé de bâtir la nouvelle ville, qui ressemble à celles de l'Europe, quoiqu'on y voie encore des centaines de masures souterraines, couvertes d'un toit sur lequel on peut se promener.

A peu près au milieu de la ville se trouve une place irrégulière, entourée par la maison du gouverneur civil de la Géorgie, et les édifices occupés par les bureaux de la police et de l'administration. On a aussi construit des bâtimens à l'européenne, près d'un cimetière qui fait partie du faubourg septentrional de Tiflis, nommé Garéthoubani.

En 1807, le nombre des habitans de Tiflis s'élevait à

18,000, sans y comprendre les officiers russes civils et militaires, ni la garnison; depuis, cette population a augmenté d'environ 2,000 ames. M. Gamba croit pouvoir porter le nombre des habitans de cette capitale à 33,000; mais ce calcul est exagéré, comme la plupart de ceux de ce voyageur, qui paraît avoir un intérêt particulier à peindre la Géorgie sous un aspect brillant.

Les travaux pénibles, le transport de l'eau du Kour aux maisons de la ville, et celui des marchandises et de tous les objets, sont, en général, le partage des Imeréthiens, qui arrivent en foule à Tiflis, pour y gagner leur vie. Les colons allemands, qui occupent le village attenant aux faubourgs, sur la gauche du Kour, fournissent à la ville des plantes potagères, du beurre, des jambons, et d'autres salaisons de porc. La plupart de ces colons sont du Wurtemberg. C'est à eux et à une autre colonie de cette nation qui habite également sur la rive gauche du Kour, qu'est due la culture des pommes de terre en Géorgie. Ces allemands paraissent satisfaits de leur sort, et ne peuvent manquer de prospérer.

Gori est après Tiflis la ville la plus considérable de la Géorgie proprement dite. On y compte trois cents maisons entourées d'un mur circulaire. Le fort est au nordest, sur une montagne de grès, qui a quatre-vingts pieds de hauteur au-dessus de la plaine dans laquelle coule le Liakhwi. Ce fort est abandonné; on ne fait plus usage que d'une petite chapelle située dans un coin du sudest. Tout semble de même bien désert dans la ville inférieure, parce qu'on ne fait aucune réparation aux anciens bâtimens. Les maisons sont généralement au-dessus du sol comme à Tiflis; elles se composent de quatre murs hauts de dix à quinze pieds; au milieu s'élève une cheminée conique, proportionnée à la largeur de la maison; elle a un trou rond, de trois pieds de diamètre, qui sert à laisser échapper la fumée et pénétrer la lumière, mais qui donne aussi un libre accès à la pluie. Quelques maisons sont à peu près bâties à l'européenne ; on y trouve des chambres de forme oblongue, blanchies à la chaux , pourvues de cheminées, de portes et de fenêtres : celles-ci se distinguent des nôtres en ce qu'elles descendent jusqu'à terre; au lieu de carreaux de verre, elles en ont de papiers : pendant la nuit, elles se ferment avec des volets. Des toits en saillie s'avancent de chaque côté des fenêtres et des portes, ce qui met à l'abri de la pluie, mais cache aussi la lumière du jour. Les murs sont construits en brique et en cailloux roulés, tirés de la rivière et unis par de la chaux. Les toits sont plats et couverts d'argile, sur laquelle l'herbe croît.

Les autres villes du K'harthli ne méritent nullement ce nom; ce sont des amas de misérables huttes ou d'habitations souterraines appelées *sakhli* en géorgien. Un sakhli est un trou carré creusé en terre; les parois sont revêtues de pierres ou de bois ; le toit est fait avec des planches couvertes de terre. Au milieu du toit est une ouverture par laquelle sort la fumée et qui laisse pénétrer la clarté du jour. L'entrée est inclinée et de côté : les étables se trouvent à côté de ces habitations et leur ressemblent complétement.

Le *Kakhéthi,* ou la partie orientale de la Géorgie, est formé par les vallées où coulent l'*Yori* et l'*Alazani.* Ce pays était originairement une province géorgienne qui, en 1424, eut ses rois particuliers; le dernier fut Héraclius II, qui, en 1761, réunit les couronnes de K'harthli et de Kakhéthi, et établit sa résidence à Tiflis.

Ce beau pays occupe une grande partie du versant méridional des Alpes du Caucase, et s'étend presque jusqu'aux bords du Kour. Il est plus fertile et mieux cultivé que le K'harthli, et produit du vin et des grains en abondance. La plupart de ses habitans sont d'origine géorgienne; on n'y compte que peu d'Arméniens et de Juifs. Le Yori et l'Alazani, qui viennent de montagnes neigeuses, traversent le Kakhéthi dans la direction générale du nord-ouest au sud-est, et fertilisent la terre par des inondations régulières.

Les maisons diffèrent de celles du K'harthli, et ressemblent à celles des Tcherkesses. Les murs se composent de branches d'arbres ou d'osier tressées et revêtues d'un mélange de terre glaise et de fiente de bœuf. On couvre ordinairement les toits avec des roseaux. Le pays produit des fruits excellens, des grains, du vin, dont le meilleur est celui d'Akhmeta; de la soie, du coton, de la garance, du miel, des bestiaux, des chevaux et du gibier. Les mines de cette province ne sont pas encore suffisamment exploitées.

Les Russes ont partagé le Kakhéthi en deux cercles, qui sont Thelavi et Signakhi. La partie sud-est de ce pays, connue sous le nom de Khizikhi, est couverte de prairies riantes, dont les pâturages sont excellens. On y voit les ruines de la forteresse de *Top Kara-agatch*, ancienne résidence des rois du pays. A l'ouest de Khizikhi, entre le Yori et l'Alazani, se trouve la belle plaine de Karaya, autrefois habitée par des Turcomans, qui s'y occupaient de la culture du riz, à laquelle la nature du pays arrosé par une multitude de canaux, est très favorable. Les incursions des Lesghi ont chassé de cette contrée la plupart des habitans qui se sont réfugiés en Somkhéthi, où ils restent pendant l'été; en hiver, quand ils n'ont rien à craindre des Lesghi, ils reviennent dans leurs anciennes demeures pour y faire paître leurs troupeaux.

La partie orientale du Kakhéthi, située sur la gauche de l'Alazani, est la plus fertile; elle est entrecoupée de rivières, de forêts, de jardins et de vignobles, de champs labourés et de gras pâturages. Il y avait autrefois *Gremi*, ville ancienne, qui fut détruite en 1622 par le chah Abas; il transporta ses habitans à Ispahan et à Astrabad, et les força de se faire mahométans. Ils ont quitté Astrabad, et, mêlés avec des Arméniens, demeurent à Achraf; ils élisent deux chefs : le militaire porte le titre de *sarkirdeh*, et le civil celui de *khan*.

La capitale du Kakhéti supérieur est Thélavi; elle consiste en trois petits forts, entre lesquels sont dispersées les maisons des habitans. Les deux districts lesghi de Tchar et de Belakhani ont toujours fait partie de ce pays, et sont actuellement soumis aux Russes, qui y perçoivent un tribut annuel en soie écrue.

L'*Imeréthi*, également habité par des Géorgiens, est situé à l'ouest de la Géorgie, de laquelle il est séparé par une chaîne de montagnes. Il est limitrophe avec le pachalik d'Akhal-tsikhé, le Ghouria, la Mingrelie et le

Caucause. Quoique ce pays soit, comme la Géorgie, sur le versant méridional du Caucase, il en diffère pourtant beaucoup par le sol et la température. Les montagnes y sont plus élevées, et en rendent le climat plus froid et moins favorable à plusieurs espèces de culture. Les plaines, moins exposées aux vents, et souvent inondées par le débordement des rivières qui descendent des Alpes caucasiennes, sont ordinairement fangeuses et marécageuses; l'humidité de l'air devient alors nuisible aux hommes et aux bestiaux. Quoique l'Imeréthi ait généralement moins souffert des guerres, et qu'il soit par conséquent moins dévasté que les autres pays géorgiens, l'agriculture y est négligée et le pays mal cultivé; cependant la population y est à proportion plus considérable que dans le K'harthli et le Kakhéti. Le nombre des familles monte à 35,000, dont 13,000 seulement paient des impôts.

En général le climat est beau et constant, et le terrain extrêmement fertile. Les rivières sont poissonneuses, et les montagnes du Ratcha sont riches en mines, qu'on exploite faiblement. La fertilité du sol rend les habitans paresseux; ils passent leur vie à boire et à manger, sans se soucier d'augmenter la culture ni de fonder des établissemens qui enrichiraient leurs descendans, et leur procureraient les avantages de la vie civilisée, que la génération actuelle n'a jamais connus.

En Iméréthi et en Mingrelie, l'espèce de millet nommé *ghomi* tient lieu de pain; on en fait une bouillie épaisse, qui est la nourriture ordinaire des habitans. Dans le Ratcha, et dans toute la partie septentrionale de l'Imeréthi, le ghomi est remplacé par le maïs et par le millet ordinaire. Le pays abonde en gibier ; c'est, comme l'on sait, la patrie du faisan (*khokhobi*). Les montagnes fournissent d'excellens bois de construction, et sont jusqu'à une certaine hauteur couvertes d'arbres fruitiers. La vigne prospère en Imeréthi et en Mingrelie, sans aucune culture ; de sorte que ces deux provinces forment un vaste vignoble. Le vin d'Imeréthi ressemble beaucoup à celui du Kakhéthi, et l'emporte beaucoup sur celui qu'on boit à Tiflis et dans le K'harthli ; enfin il est infiniment meilleur que celui des environs de Kizliar, du Don inférieur et de la Crimée. Il est digne de remarquer que le vin s'appelle en géorgien *ghuni* ou *ghwini*, et en arménien *kini* ; ces mots ressemblent assez au οἶνος des Grecs et au *vinum* des latins, tandis que cette liqueur porte dans les pays voisins des noms absolument différens (1). Cette circonstance et la grande abondance de la vigne en Géorgie et en Arménie pourraient faire conjecturer que ces contrées sont la véritable patrie de ce précieux végétal, et qu'il s'est répandu de là dans les pays qui bordent la Méditerranée du côté du nord ; cette supposition est d'autant plus probable qu'on ne retrouve pas le mot de *vinum*, ni quelqu'un qui lui ressemble, dans l'ancien idiome de l'Inde, qui cependant a conservé une foule de racines identiques avec celles du latin, du grec, et des langues germaniques.

---

(1) En persan, *meï, bâdeh, chardb, mul* ; en arabe, *khœmr, muddm, rúef* ; en turc, *sudji, itchki* ; en turc-tartare, *tchikhir* ou *tchakhir*.

Les Iméréthiens ne sont pas aussi misérables que les Mingreliens; ils s'occupent d'agriculture. Plusieurs milliers, comme je l'ai déjà dit, vont annuellement à Tiflis pour y servir de porte-faix. Leur religion est la catholique du rit grec, et leur dialecte ne diffère que fort peu de celui du K'harthli : ce sont des marcheurs infatigables et qui font souvent à pied trente à trente-trois lieues par jour.

Il y a en Iméréthi une espèce de miel appelé *kwa-tapli*, ou miel de pierre : il est dur, n'est nullement gluant et a un goût agréable et aromatique; on le trouve dans les fentes des rochers où habitent les abeilles qui le préparent. Ce miel forme une seule masse avec la cire, c'est ce qui le rend si dur. Les rayons sont originairement blancs, mais ils jaunissent facilement et se conservent long-temps. Le miel ordinaire est souvent enivrant quand les abeilles ont sucé les fleurs du *rhododendron caucasicum*, qui abonde dans les montagnes du pays. Les auteurs anciens ont déjà remarqué la qualité enivrante du miel de la Colchide.

L'Iméréthi a fréquemment formé un état séparé des autres pays géorgiens. La dernière dynastie commença à Vakhtang, fils d'Alexandre, roi de toute la Géorgie, qui, en 1424, partagea ses états entre ses fils. Le malheur de l'Iméréthi fut causé par le système féodal, qui rendit les grands vassaux presque indépendans du roi. Les habitans étaient ou la propriété de ce dernier, ou les esclaves des princes et des nobles, qui les vendaient aux Turcs et aux peuples du Caucase; le produit de cette vente formait la principale partie de leurs revenus. La réunion de la haute noblesse formait un conseil, ou une espèce de diète, sans le consentement de laquelle le roi ne pouvait entreprendre rien d'important.

Les revenus du souverain étaient très minces et ne reposaient pas sur des bases fixes. Ils montaient ordinairement de 120 à 200,000 francs par an; mais cette modique somme ne pouvait même être perçue sans surcharger le peuple d'impôts et de taxes beaucoup trop fortes pour la pauvreté du pays. Le roi Salomon I se délivra du joug des Turcs, et établit des relations amicales avec la Russie. Sa mémoire est révérée parmi le peuple, car il avait trouvé le moyen de rétablir la tranquillité et la sûreté dans l'Iméréthi, et défendu le commerce des esclaves sous peine de la vie. Son beau-frère Davith lui succéda. *Daria,* épouse d'Héraclius, roi de Géorgie, qui désiroit de voir placer son petit-fils Salomon sur le trône d'Iméréthi, détermina son mari à envoyer des troupes dans ce pays, et y fomenta une révolution. Davith fut forcé d'abandonner son royaume et de se sauver sur le territoire turc. Constantin, son fils et son successeur légitime, fut enfermé dans une forteresse, et Salomon devint roi d'Iméréthi. Il se soumit en 1804 à la Russie; mais n'étant pas resté fidèle à ses engagements, il fut mené prisonnier à Tiflis, et son pays incorporé à l'empire du magnanime Alexandre. Salomon trouva cependant moyen de se sauver, et se réfugia auprès du pacha d'Akhal-tsikhé. Depuis ce temps l'Iméréthi est militairement occupé par les Russes.

La rivière principale du pays est le *Rioni,* qui reçoit toutes les autres; il a ses sources au pied oriental de l'Elbrouz, traverse le Ratcha et toute l'Imerethi; sépare la Mingrelie du Ghouria, et se jette dans la mer Noire au nord de Pothi. Cette rivière n'est pas très considérable, près de K'houthaissi, où elle n'a, en été, que deux cents pas de largeur. Sa profondeur et la vitesse de son cours diffèrent suivant la nature du terrain; mais ses eaux sont toujours troubles. Le Rioni n'est navigable qu'à quatre-vingts à quatre-vingt-dix verst au-dessus de son embouchure. Dans les montagnes, ses bords sont rocailleux; dans la plaine, ils sont argileux et ont ordinairement jusqu'à deux toises de hauteur. Comme les eaux de cette rivière sont mêlées de beaucoup de parties terreuses qui les rendent jaunes, on les peut distinguer de celles de la mer à une distance considérable. Le Rioni est très poissonneux; on y prend principalement des saumons et des esturgeons, des œufs desquels on prépare une grande quantité de caviar.

K'houthaïssi ou *K'hothathissi,* est la capitale de l'Imeréthi. L'ancienne ville de ce nom étoit sur une montagne assez élevée et presque à pic, sur la droite du Rioni. La ville actuelle est dans la plaine, sur la gauche du fleuve, et dans une situation plus commode. La position de l'ancienne était plus convenable pour une place de guerre et plus salubre. Pour aller dans la ville nouvelle, on est obligé de suivre, pendant près d'un demi-verst, une chaussée extrêmement escarpée, sur le flanc d'une montagne élevée de plus de soixante pieds au-dessus du Rioni. Ce chemin, trop étroit pour que deux voitures y puissent passer à la fois, étoit dans un tel état de dégradation, qu'on courait à chaque instant le danger d'être précipité dans le fleuve ; il a été entièrement rétabli en 1823. Avant d'arriver au pont qui sépare l'ancienne ville de la nouvelle, on doit prendre les plus grandes précautions à cause de la rapidité excessive de la descente. Le passage du pont n'est même pas sans danger ; les culées sont en pierres, et paroissent être d'un travail très ancien; l'arche du milieu ayant été emportée dans une crue d'eau, le plancher qu'on lui a substitué est placé sur des poutres, et si peu solide, qu'il est à craindre qu'il ne s'écroule sous le poids de quelque voiture. On voit dans l'ancienne ville les restes d'une belle église construite en pierre, dans le style de l'architecture byzantine. Tous les ans, les habitans du voisinage enlèvent des fûts de colonnes et des pans de murs dont ils se servent pour faire des enclos; si bien que dans quelques années à peine restera-t-il des traces de cet édifice curieux. Autour de ces ruines sont placés les bâtiments en bois qui composent l'archevêché : quelques maisons sont occupées par des prêtres attachés à l'église du lieu et par des cultivateurs. Il y a aussi un magasin de poudre. L'eau des sources du voisinage est excellente. De là on jouit d'une vue magnifique qui, vers l'est, s'étend beaucoup au delà de l'ancien monastère de Ghélathi, et, vers le sud, jusqu'aux montagnes d'Akhal tsikhé. Les murs de l'ancienne ville sont encore en assez bon état, et se font remarquer par leur épaisseur et leur solidité. Dans la ville moderne, les rues étoient généralement tortueuses, et les maisons bâties pour ainsi dire au hasard. Les Russes ont donné un alignement régulier aux rues. La plupart des maisons sont construites en clayon-

nage, mêlé d'argile et blanchi extérieurement avec de
la chaux. Les habitations de quelques seigneurs et des
principaux marchands sont en bois. Les rues et les places
sont plantées d'arbres, parmi lesquels les cognassiers, les
figuiers et les noyers sont les plus nombreux. Au milieu
de son irrégularité, l'aspect de K'houthaïssi a quelque
chose de champêtre et de pittoresque qui plaît, et que
relèvent d'ailleurs la beauté de la campagne voisine, et
ce mélange de vallées et de forêts encadrées de trois côtés
par de hautes montagnes, dont le sommet, pendant la
plus grande partie de l'année, est couvert de neige. Le
bazar est spacieux ; toutes les boutiques sont en bois, et
placées sur deux lignes parallèles : on y trouve des marchandises de Constantinople, de Tiflis et d'Akhal-tsikhé,
qui servent à la consommation de la garnison et des
habitants ; ceux-ci donnent en échange des fourrures,
de la soie, du coton, de la cire, du miel, et autres productions de leur pays qu'ils apportent régulièrement au
bazar le mercredi et le vendredi. La population de la
ville est peu nombreuse ; les Juifs, au nombre d'environ
huit cents, en composent presque la moitié ; ils vivent
dans un quartier particulier ; le reste des habitans consiste en Imeréthiens et en Arméniens. La garnison est
assez nombreuse. Les vivres y sont à très bon compte, le
blé vaut ordinairement de 12 à 15 francs le tchetvert
($333\frac{1}{3}$ livres, poids de marc) ; le maïs, 7 ou 8 francs ; la
viande, quelques centimes la livre. On achète une mesure
de dix-huit bouteilles de vin du pays pour 80 centimes.

　L'Imeréthi est divisé en plusieurs districts, qui, pour
la plupart, ont été nommés d'après les familles des

princes auxquels ils ont autrefois appartenu. Le célèbre couvent de *Ghélathi* appartient à celui d'Okriba ; il est situé sur un rocher calcaire : c'étoit le siége du patriarche et du katolikos d'Imeréthi. *Khoni* est un bourg considérable sur la petite rivière de Koukha ; il est habité par deux cents familles, et appartient au district de Waké.

Le grand district de *Ratcha* occupe la partie nord-est du pays, et se termine, au nord, aux montagnes neigeuses du Caucase. Le Rioni supérieur, très rapide, le traverse, et y reçoit un grand nombre de rivières et de torrents qui la grossissent considérablement à l'époque de la fonte des neiges. Ce canton est hérissé de montagnes ; les petits villages, situés sur les hauteurs, sont très pauvres, tandis que ceux des vallées sont un peu plus à leur aise. On y cultive du froment, de l'orge, du millet et du maïs ; la vigne croît très bien sur les bords du Rioni, au-dessous du village d'Outséra : on presse les grappes dans de grandes cuves de bois, et on conserve le vin dans de très gros pots qu'on enterre. Les légumes et les herbes potagères, de même que plusieurs espèces de fruits, abondent. On élève très peu de bétail dans le Ratcha ; les chevaux et les bœufs y sont rares, et on n'y voit ni buffles, ni ânes, ni moutons, ni chèvres ; les cochons et les poules sont les seuls animaux domestiques qu'on y trouve en grand nombre. Les montagnes et les forêts sont peuplées de gibier, et on y rencontre beaucoup de chamois et de bouquetins. La population du Ratcha, qui se compose d'Imeréthiens, d'Arméniens et de Juifs, se monte à cinq cents familles. Le bourg le plus

considérable est Oni, sur la gauche de Rioni, au-dessus
du confluent du Djedjo; les Arméniens et les Juifs y vendent aux Ossètes et aux Souanes de la taillanderie de
Tsedissi, des tissus de coton de Géorgie, du sel et du
millet. Tsedissi est le village le plus oriental du district
de Ratcha; il est dans une vallée profonde, à trois quarts
de lieue du Djedjo. Il y a de riches mines d'hématite; le
fer qu'on en extrait par la fusion est employé à faire des
fers à cheval, des faulx, des haches, des socs de charrue,
des chaînes et des chaudrons : marchandises qui s'é-
changent à Kakhéthi, chez les Ossètes et chez les Bazianes,
contre du bétail, du froment et d'autres objets de première nécessité. Le district de Dvalethi, habité par des
Ossètes, appartient également à l'Imeréthi; il est à
l'est du Ratcha, au sud des montagnes de neige et sur les
deux rives du Djedjo supérieur. Le climat y est rude, et
le terrain peu fertile. Autrefois il dépendait du *Ratchis-
Eristhavi*, ou prince de Rátcha : il fut incorporé à l'Imeréthi, quand les possessions de ce prince devinrent la
propriété des rois de ce pays.

La *Mingrelie* est séparée au nord-ouest de l'Abkhazie
par le cours de l'Engouri; au sud-ouest, elle a la mer
Noire; au sud, le Rioni et le Ghouria, et à l'est l'Imeréthi; la Tskhénis tzquali marque sa limite de ce côté.
Les habitans de ce pays sont d'origine géorgienne; mais
ils parlent un dialecte grossier et très différent de ceux
de l'Imeréthi et de la Géorgie. Ils s'appellent eux-mêmes
Kadzaria, du mot *kadzaro*, bouc. On trouve parmi eux
beaucoup d'Arméniens, de Juifs et de Tatares. Ce pays
obéissoit autrefois aux rois de K'harthli; ce ne fut que vers

la fin du XVIᵉ siècle que son prince, issu de la famille de *Tchikvaki*, se rendit indépendant, et prit le titre de *Dadian* qui est resté à tous ses descendans. C'est pour cette raison que ce pays porte en géorgien le nom de *Sa-Dadiano*, ou appartenant au Dadian. La religion est la catholique grecque, du rit géorgien. La Mingrelie a beaucoup souffert par les invasions des Turcs, et a été dépeuplée par le commerce d'esclaves. Les Mingreliens sont encore moins civilisés que les habitans de l'Imeréthi, auxquels ils ressemblent d'ailleurs par la manière de vivre, de se vêtir et de se loger. Le peuple se divise en trois classes, qui sont les princes, les *sakkour* ou nobles, et les *moniali* ou roturiers. Les princes du premier ordre portent le titre de *djinaska*, et les autres celui de *djinandi*. Cette différence de classes est si fortement établie, que jamais un noble ou un homme du peuple ne peut sortir de la sienne. Les sakkour servent les princes et les accompagnent dans leurs voyages, dans leurs expéditions et à la guerre. Les moniali vont couper du bois, suivent les princes et nobles à pied, et dans les voyages portent sur les épaules leurs effets; les moniali sont obligés de donner aux deux autres classes une partie de leur récolte, et de leur bétail quand il augmente; de recevoir et d'entretenir les hôtes que leurs maîtres leur envoient. Le dadian réside à *Zoubdidi*; mais ce prince, accompagné de sa cour, va souvent d'un bourg à l'autre, et y reste aussi long-temps qu'il y trouve des vivres, du vin et des poules; quand tout est consommé, il plie bagage et gagne un autre endroit. La pauvreté de la cour est souvent si grande, que personne n'y possède assez d'argent pour échanger un ducat turc de la valeur d'environ 8 francs.

La Mingrelie se divise actuellement en trois provinces, savoir : la Mingrelie proprement dite, ou l'*Odichi,* qui est la plus proche de la mer. A l'exception de quelques plateaux épars et d'une chaîne de montagnes peu élevées du côté du monastère de Khophi, ce pays est généralement plat ; le terrain, qui consiste en débris de végétaux, est d'une fertilité extraordinaire. Cette partie de la Mingrelie, occupée sur plusieurs points par des postes russes, et garantie par des rivières profondes contre les incursions des peuples voisins, offre une entière sûreté à ses habitans. La seconde province, nommée *Letchkoumi,* comprend le pays arrosé par le Tskhénis tzqali supérieur et ses affluens ; elle s'étend des environs de Khoni, au sommet du Caucase, et à la partie des montagnes occupées par les Souanes : c'est un pays entièrement montagneux ; l'air y est très salubre. La troisième province de la Mingrelie est la partie méridionale de l'ancienne Aphhazie ; le nom de *Sa-Mourzakano* (et non pas Tmourakane, comme écrit M. Gamba), lui vient de la famille des princes Mourzakani, à laquelle ce pays appartenait autrefois. Elle s'étend au nord jusqu'aux rives du Kodori, et fait partie des Etats du Dadian ; mais elle n'obéit réellement à aucune puissance. On n'y trouve que peu de terre cultivée ; la population y est très faible ; c'est un véritable désert qui forme une barrière entre les Apkhas et les Mingreliens. Si la partie basse du Sa-Mourzakano est privée d'habitans, celle des montagnes renferme une population assez nombreuse, puisqu'on l'estime à près de huit cents familles. Les Russes ont établi à l'embouchure du Khophi, et sur la gauche de cette rivière, le fort de *Redout kaleh*, où l'on compte actuellement cent maisons et quatre cents habitans. L'air y est malsain, surtout en automne ; cette insalubrité disparaîtrait peut-être si l'on desséchait les marais dont le bazar est environné, et si l'on élevait les bords de la rivière pour empêcher les débordemens. Le bazar forme deux lignes de boutiques parallèles. Les maisons situées le long du Khophi ont toutes un grand enclos qui, s'étendant jusqu'au bord de l'eau, permet aux navires d'y décharger leurs cargaisons ; mais le port formé par l'embouchure du fleuve est encombré de bancs de sable et présente souvent des difficultés pour y entrer ; des travaux immenses seraient nécessaires pour le curer. Il se fait quelque commerce à Redout kaleh ; on y trouve des marchandises de Constantinople, de Trébizonde, de Tiflis, de Taganrog et de la Crimée ; c'est le seul port que les Russes possèdent sur toute la côte orientale de la mer Noire : ils y tiennent une garnison de six ou sept cents hommes. Les marchands sont presque tous Arméniens ou Grecs et généralement fort pauvres. Leur commerce ne consiste que dans l'échange du sel, du fer et de quelques marchandises européennes qui leur sont consignées contre la cire, le miel, le tabac, le cuir, le bois de noyer et de buis, les cornes de cerf, les fourrures, le maïs, les noix que les Mingreliens apportent en petites quantités au bazar.

Quoique le *Ghouria* ne soit pas regardé comme une province russe, le prince de ce pays se qualifie de vassal allié de la Russie ; cette puissance y occupe quelques positions, afin de la garantir contre les incursions des Turcs d'Akhal tsikhé. Cette contrée s'étend au sud du Rioni inférieur, le long de la mer Noire, jusqu'à l'embouchure du Tchorokhi ; elle est remarquable par la fertilité de ses terres et la beauté de la végétation ; mais elle est comme la Mingrelie et l'Imeréthi entièrement couverte de forêts, au milieu desquelles on rencontre de magnifiques pâturages et quelques terrains cultivés. Presque toutes les habitations sont bâties sur des plateaux où l'on jouit d'un air plus salubre que dans les plaines. Le peuple du Ghouria parle la même langue, a les mêmes usages et les mêmes mœurs que celui qui habite la Mingrelie ; ces mœurs ne sont pas excessivement sévères. On y cultive la vigne, le maïs, le millet, le tabac, un peu de coton, et on y recueille aussi un peu de soie. Un Anglais, vraisemblablement mauvais naturaliste, se berce de l'espérance chimérique d'y pouvoir établir des *plantations d'indigo.* On y récolte une grande quantité de cire et de miel, ordinairement excellens ; il y en a aussi qui enivre. On porte à six mille le nombre des familles. La religion est la grecque, dont les chefs sont deux évêques ; l'un réside à Tchemokmedi, l'autre à Djoumathi ; ils dépendent du katolikos d'Imeréthi, et doivent lui donner une partie de leurs revenus. Comme la seule manière de se garantir de l'esclavage, en cas d'une incursion des Turcs, est de se faire musulman, la moitié à peu près des habitans a adopté la croyance de Mahomet. Le prince de Ghouria porte le nom de *Ghouriéli ;* ce n'est pas celui du pays, qu'il ne faut pas non plus nommer *Gouriel*.

Au sud de la Géorgie proprement dite, les Russes possèdent encore plusieurs petits *khanats* ou principautés.

Le khanat de *Gandja* ou *Ghendjeh* a son nom de la ville ancienne qui en est la capitale. Quand les Russes s'emparèrent de la Géorgie, *Djavat khan* de Gandja, ayant refusé de se soumettre, le prince Tsitsianov marcha à la tête de trois mille hommes, et prit cette ville d'assaut en 1804. Le khan fut tué à coups de baïonnettes sur une batterie qu'il défendit vaillamment. Gandja fut pillée, et les Russes lui donnèrent le nom de *Ielisavetpol*, en honneur de l'épouse de l'empereur Alexandre.

Le *Chouraghéli* est un petit canton cédé par la Perse à la Russie; il est situé au sud de la chaîne des monts de Pambaki et sur la gauche de l'Arpa tchaï, qui le sépare du pachalik de Kars. Sa population, composée de Tatares et d'Arméniens nomades, est peu nombreuse.

Le *Karabagh* ou le jardin noir, appelé aussi *Chouchi*, est une grande et belle province qui occupe le coin formé par le Kour et l'Aras, au-dessus de leur confluent. A l'ouest, elle est bornée par les montagnes de Massissi et par le cours du Kourek tchaï. Le Karabagh est célèbre dans l'histoire asiatique, par le séjour que Timour y fit fréquemment. Ce pays appartenait originairement à l'Arménie; actuellement le nombre des habitans turcs ou turcomans égale celui des Arméniens. La tribu turcomane de *Djouanchiri*, venue du Khorassan, s'y est établie, et fait paître ses bestiaux avec ceux des anciens habitans du pays. Le premier khan d'origine turque, qui régna dans le Karabagh, fut Pana khan. Son fils Ibrahim lui succéda; Melik chah naszer, prince arménien, lui céda un territoire sur les bords du Karkar, où il construisit le fort Chouchi, sur une montagne haute et escarpée, entre les deux ruisseaux qui portent le nom de Karachan et forment le Karkar, affluent de gauche de l'Aras. Ibrahim khan fut tué en 1806 par Liessanéwitch, lieutenant-colonel russe, qui s'empara de ses trésors. Son fils, Mekhti kouli khan, fut installé khan de Karabagh, et reconnut la souveraineté de la Russie. A présent tout son pays est occupé militairement par les Russes : les Arméniens qui habitent le Karabagh parlent un très mauvais dialecte de leur langue; ils sont tous esclaves des princes arméniens, dont la famille porte le titre de Melik. Une partie de cette famille a quitté le pays en 1800, et s'est établie en Somkhéthi, dans les environs de Bolnissi, sur les bords du Machaveri; plusieurs de leurs serfs, las du joug, s'enfuirent à Tiflis, où ils sont établis dans le faubourg de Hawlabari. Anciennement le Karabagh portait le nom d'Arran sa capitale Berdaah, célèbre dans l'histoire, est détruite depuis long-temps : on voit, à la place, Berde, misérable village composé de quelques huttes chétives.

Les pays situés entre le Caucase et les bords de la mer Caspienne portent le nom de *Daghestân*, c'est-à-dire contrées des montagnes; elles sont partiellement soumises à la Russie. Les montagnes sont habitées par des peuplades Lesghi, et les parties inférieures, jusqu'à la mer, par des Koumyk et des Turcomans, peuples d'origine turque, qui sont agriculteurs et nomades ; on y trouve aussi des Arabes et des Juifs, qui changent souvent l'emplacement de leurs villages.

Quoique les Turcs du Daghestân n'égalent pas en beauté leurs voisins de l'ouest, les Géorgiens, Lesghi et Tcherkesses, ils ne sont pourtant pas dépourvus de grâce et d'agilité. Le mélange de peuples d'origine différente n'a pas donné un caractère général à la physionomie des habitans de ces pays. Les hommes sont ordinairement de stature moyenne, maigres et pâles ; ils ont le teint rembruni et les cheveux noirs : les femmes sont rarement belles. L'amour du butin, la paresse et la fierté sont les traits caractéristiques des habitans du Daghestân. La religion est l'islamisme de la secte Sounnite. L'habillement diffère de celui des Tatares qui habitent au nord du Caucase, et de celui des Lesghi et des Tchetchentses, par le bonnet et la chaussure. On y porte généralement le kalpak persan, fait de peau de mouton ; les Koumyk ont conservé le bonnet tcherkesse. Les pieds sont enveloppés d'un morceau de drap ou d'étoffe qu'on serre et qu'on attache avec des courroies.

Le territoire du chamkhal de *Tarkhou* occupe la partie septentrionale du Daghestân, et finit au sud aux rives de l'Ouroussaï boulak, qui le sépare de celui de l'Ouzmeï. Le chamkal est tributaire de la Russie ; la ville de Tarkhou, appelée anciennement Semender, est bâtie en terrasses sur trois montagnes pointues, à une bonne lieue de la mer ; le château fortifié, demeure du chamkhal, la domine. Les habitans s'occupent principalement de la culture de la garance ; ils élèvent aussi du bétail.

Il s'y trouve beaucoup de négocians arméniens, qui vendent des marchandises de Russie. Au sud de Tarkhou, et au confluent du grand et du petit Bouam, est le grand village de Kara Boudakh, habité par une tribu koumyke, riche en troupeaux de moutons. Kazanich est un bourg dans la partie la plus occidentale du territoire du chamkhal; on y fabrique beaucoup de bourki, ou manteaux de feutre. Les habitans exploitent aussi les mines de fer du voisinage.

Bouniaki est une principauté dépendante du chamkhal, sur la frontière du territoire de l'Ouzmeï, dans un canton extrêmement fertile.

Djengoutaï et son territoire sont au sud-ouest de Tarkhou, et appartiennent également au chamkhal, qui les donne en fief à la famille d'Aly sulthan.

Le territoire de l'*Ouzmeï des Kaïtak* est au sud des possessions du chamkhal et d'Ali sulthan; à l'ouest, il a les montagnes des Kazi Koumouk, tribu lesghi, et, à l'est, la mer. Le cours du Darbakh le sépare du territoire de Derbend et de Thabasseran. Ce pays est arrosé par le Hhoumry ozen, et le Grand Bouam, qui ont leur source dans les hautes montagnes de Lesghi, et coulent à l'est, vers la mer. Les habitans sont des Lesghi, et forment deux tribus: la première, nommée *Kaïtak*, demeure sur les rives du Bouam et de ses affluens; l'autre, portant le nom de *Kara Kaïtak*, ou Kaïtak noirs, vit à la gauche du Darbakh. Les bords de la mer sont occupés par des Turcomans nomades, et, entre l'embouchure du Bouam et celle du Darbakh, par une autre tribu du même peuple; elle tire son nom de Bérégoë, son bourg principal.

Le titre d'Ouzmeï est héréditaire ; celui qui règne à présent se nomme Mama ou Mohamet. Il se soumit à la Russie en 1799, reçut le titre de conseiller d'état actuel et 2,000 roubles d'argent d'appointement. Il peut, avec ses frères, fournir sept mille hommes. Il réside ordinairement à *Barchly* ou *Bachly*, bourg considérable, qui contient, avec les villages voisins, environ douze cents familles. Il y habite dans un vaste bâtiment en briques, placé au milieu d'une belle cour entourée d'une haute muraille. Au sud de *Bachly*, on trouve Medjalis sur la gauche du Bouam. Les environs produisent d'excellens raisins, qui ne demandent presque aucun soin ; mais les habitans ne savent pas bien faire le vin : ce n'est qu'après avoir laissé évaporer la moitié du moût qu'ils le font fermenter ; ils mêlent ensuite le vin avec de l'eau de rose, qui lui donne un goût fort agréable. Ils préparent aussi une espèce de raisiné nommé *douchâb*, qui a la consistance d'un sirop, et qu'on mange avec le pain. Les possesseurs des vignobles étant musulmans, ne veulent pas s'occuper de la fabrication du vin, et vendent leur récolte en nature aux juifs et aux chrétiens. Ceux-ci font le vin, puis le revendent aux sectateurs de l'islam, dont la conscience s'effarouche de l'idée de presser le raisin et d'en faire fermenter eux-mêmes le jus ; néanmoins ils le boivent avec plaisir et ordinairement avec excès. *Kaïa kend*, ou le château des rochers, célèbre dans les annales du pays, est situé sur le Hhoumry ozen, à peu près à trois lieues de la mer. Les Kara Kaïtak ont pour chef-lieu *Kara Gourich*, sur un ruisseau qui coule au sud et se joint au Darbakh ; ils sont en partie juifs, en partie mahométans sounnites, et plus pauvres que les autres Kaïtak, leur pays étant montagneux et stérile. Ils labourent des champs dans les plaines, élèvent une assez grande quantité de bétail, et font un commerce actif avec les Lesghi, leurs voisins. Ils ont la réputation d'être braves et bons cavaliers. L'idiome des Kaïtak et des Kara Kaïtak est un dialecte lesghi, qui ressemble à celui des Kazi Koumouk ; leurs chefs parlent également la langue turcomane.

L'Ouzmeï exerce une espèce de souveraineté sur les Lesghi d'*Akoucha* et de *Koubitchi*. Les premiers lui paient une redevance pour la permission de faire paître en hiver leur bétail dans les plaines fertiles qui lui appartiennent. Le successeur désigné de l'Ouzmeï a le village de *Ianghi kend* en apanage. L'Ouzmeï envoie ses fils aussitôt, après leur naissance, dans les principaux bourgs de son territoire, où toutes les femmes leur donnent le sein ; acte par lequel ils sont reconnus fils de toutes les familles.

Derbend et son territoire formaient autrefois un khanat particulier ; mais *Cheikh ali khan* s'étant révolté en 1806, les Russes le chassèrent et depuis ils occupent militairement cette ville. Le canton de Derbend n'est pas très considérable ; il ne s'étend que sur les bords de la mer et sur les montagnes peu élevées entre le Darbakh et le Samour. Ces habitans sont turcomans ; il y a aussi quelques villages arabes.

Dans le moyen âge, Derbend portait, chez les Arabes, le nom de *Bab ul abwab*, ou la porte des portes. La tradition du pays attribue la fondation de cette ville célèbre à Alexandre : elle forme un parallèlogramme très étroit, qui descend en terrasses de la pente d'une montagne jusqu'à la mer, sur une longueur d'une lieue. Les murs, qui entrent très avant dans la mer, sont très forts, et construits en grandes pierres de taille de quatre à six pieds de longueur. La ville se divise en trois parties : la plus haute et la plus petite est la citadelle, au milieu de laquelle on voit l'ancien château du khan. Cette forteresse est séparée, par une forte muraille, de la partie moyenne de la ville, où l'on entre par une porte couverte de plaques de fer. La partie inférieure, voisine de la mer, n'est pas habitée, et ne renferme que des pâturages pour les bestiaux des habitans. Des aquéducs conduisent, des montagnes dans la ville, une eau limpide et excellente. Les maisons sont ordinairement de forme carrée, construites en fragmens de rocher, et couvertes en poutres et en planches, sur lesquelles on place une couche épaisse de terre ; ces toits peu solides ne garantissent pas l'intérieur contre l'eau de la pluie, qui y pénètre souvent. On compte à Derbend quatre mille familles, parmi lesquelles il y en a plusieurs arméniennes ; on y trouve aussi des juifs, qui ne se distinguent en aucune manière des habitans Turcomans, dont ils parlent aussi la langue. Dans la partie moyenne de la ville s'élève une belle mosquée, devant laquelle est une vaste place pavée de dalles. Une belle église arménienne fut bâtie en pierres de taille en 1782. Au nord de la ville est un vaste cimetière rempli de pierres sépulcrales, avec des inscriptions koufiques et d'autres ; dans le voisinage, on voit un mausolée qu'on prétend être celui des *Kirklar,* ou des quarante héros arabes qui furent tués dans une bataille contre les inddèles, lorsque Derbend fut conquis par les armées du khalife. Tous les mahométans, et principalement les Lesghi de Koubitchi, y viennent en pélerinage. Les habitans de Derbend s'occupent de la culture de la vigne et de celle du safran, qui y est d'une qualité excellente. On y fabrique beaucoup de toiles de coton grossières et étroites, qu'on appelle *bes*. Les champs de safran sont près de la ville; presque toute la récolte est expédiée en Perse. Le vin est rouge et clair; les raisins sont très sucrés. Le batman de vin, pesant douze à quatorze livres, se vend en septembre 75 centimes. La viande vaut 6 à 7 centimes la livre, et les autres denrées dans la même proportion. Les bazars sont bien fournis en marchandises de Perse et de Boukharie, ainsi qu'en produits de l'industrie des Turcomans et des peuples des montagnes.

A l'est de Derbend on aperçoit les débris d'une grande muraille, qui, dit-on, se prolonge sur toute la chaîne des monts du Thabasserân, et qui fut bâtie par *Nouchirvân*, roi de Perse, pour empêcher les incursions des Khazars. Cette muraille et d'autres fortifications dans les défilés du Caucase ont donné lieu à la fable d'une grande muraille qui s'étendait de la mer Noire à la Caspienne.

Le *Thabasserân*, ou comme on prononce ordinairement *Thawassurân*, est le pays à l'ouest du territoire de Derbend, entre le Darbakh et le Gouriéni. Il occupe la pente méridionale de la chaîne auquel il donne son nom; le Roubas y a sa source et le traverse; l'Angoula le sépare des Kazi Koumouk, et, à l'est, il a la grande forêt qui s'étend jusqu'aux bords du Samour; au nord, il confine avec les États de l'Ouzmeï, et, au sud, avec le pays des *Kouræli*. Il renferme plusieurs grands villages. Les habitans sont Lesghi d'origine, ont leur idiome particulier et parlent aussi le turcoman; ils sont agriculteurs et élèvent des troupeaux. Ceux qui sont voisins de Derbend, vivant dans un canton fertile, sont plus civilisés que les autres qui, aussi barbares que les autres Lesghi, sont toujours prêts à combattre, à faire des incursions chez leurs voisins et à piller. Le froid piquant, causé par les montagnes couvertes de neige situées sur la frontière des Kouræli et des Kazi Koumouk, empêche de cultiver la terre; d'ailleurs le pays manque de bois. Les habitans n'ont d'autres moyens de subsistance que d'élever des bestiaux. Ils sont mahométans, et suivent l'observance sévère d'Hhanefi. Le Thabasserân est divisé entre trois princes de la même famille. La première porte le titre de *Makhsoum* ou plutôt *Mawsoumeh*. Son territoire s'étend de la frontière de Derbend jusqu'à celle du pays des Kazi-Koumouk; il change souvent de résidence, et ne compte que deux mille combattans. Le second est le khadi de Thabasserân; celui qui, en 1799, se soumit à la Russie, s'appeloit *Roustan Sourap*. Il obtint le titre de conseiller d'État, avec 1,500 roubles argent d'appointement. Sa résidence ordinaire est le bourg de *Yarsi* ou *Ersi*; il pouvoit mettre sur pied environ deux mille hommes, avec lesquels il exerçait le brigandage sur les grands chemins. Le troisième ne commande qu'à quinze cents combattans.

Au sud du Thabasserân est le territoire du *Koura*

Khamoutaï khan, compris entre le Gouriéni et le Samour, et habité par les Kouræi et les Kouræli, tribus
Lesghi. La première demeure vers l'ouest, dans plusieurs
villages, sur les bords du Samoura, au pied du Gattoun
koul, et dans d'autres montagnes. Les Kouræli sont plus
à l'est; une montagne les sépare du Thabasserân : leur
territoire est éloigné de quatre lieues de la mer, et renferme une vingtaine de villages situés le long du Samour. Ils sont plus pacifiques que leurs voisins. Le Koura
Khamoutaï khan est dans une sorte de dépendance de
la Russie, et quoiqu'il n'ait pas encore été promu à la
dignité de conseiller d'état, il aime pourtant le brigandage autant que son voisin le khadi de Thabasserân.
Sa résidence est à Koura, ville sur la droite du Koura
tchaï, torrent rapide qui se réunit au Gouriéni.

Le territoire de *Kouba* étoit autrefois un des états les
plus puissans du Daghestân; le khan avoit envahi une
partie du Chirvân, et occupait Bakou et Sallian, à l'embouchure du Kour. Cheik ali, le dernier de ces princes,
commandait à dix mille hommes. En 1796, ayant pris
part contre la Russie, il fut forcé, par la prise de Derbend, de reconnaître, sous certaines conditions, la souveraineté de cette puissance; mais il s'enfuit bientôt
après. Quand l'empereur Paul Ier rappela ses troupes du
Daghestân, Cheik ali rentra en possession de Kouba et
de Derbend, et occupa ces deux places jusqu'au moment
où son frère Hassan khan parvint à s'emparer de la
dernière. Cheikh ali khan perdit Kouba et son territoire en 1806; quand les Russes rentrèrent dans le Daghestân, ils le chassèrent et s'emparèrent de ses états. Le

khanat de Kouba est traversé par plusieurs rivières ; la plus considérable est le Samour, qui, avant de se jeter dans la mer, se divise en plusieurs bras, dont le septentrional porte le nom d'Oulou Samour, et l'inférieur celui de Yalonia. Le Koussar tchaï, le Kourou tchaï, le Khodial tchaï, le Deli tchaï, le Kara tchaï, le Belbele tchaï, le Chabran, le Devitchi, le Gulgheni, l'Ata tchaï, et une infinité d'autres, plus ou moins considérables, coulent du sud-sud-ouest vers la mer, arrosent et fertilisent le pays, mais rendent les marches et les opérations militaires très difficiles. En sortant des montagnes, plusieurs de ces courans d'eau se partagent; ils sont très rapides : leur lit est peu profond, mais large et rempli de fragmens de rochers; leurs eaux sont troubles, on ne peut les boire qu'après les avoir laissées reposer long-temps. Les habitans du pays sont d'origine ou turcomane ou Lesghi, Arméniens et Juifs. Vers le bord de la mer, on rencontre en été les campemens de quelques hordes nomades d'origine arabe, ou de la tribu turque nommée Sarevân. *Kouba*, capitale du pays, est entourée d'une muraille en terre assez haute, et située à la droite du Khodial tchaï, dont les bords sont très escarpés. On y compte quatre cent trente maisons. De l'autre côté de la rivière est un village entièrement habité par des Juifs cultivateurs : ils passent pour être fixés dans ce canton depuis un temps immémorial. Leurs maisons sont propres, et ils ont l'air de vivre dans l'aisance. De Kouba, on aperçoit dans le lointain les hauts sommets du Caucase, dont quelques uns sont couverts de neige : les plus élevés sont le Chah dagh et le Chah Albrouz. L'air qu'on

10

respire à Koùba est très dangereux pour les Russes,
tandis que le village situé dans la plaine jouit d'un climat
si salubre, et les Juifs qui l'occupent y vivent presque
exempts de maladies. La transition rapide, qu'on éprouve
souvent dans la même journée, d'une chaleur excessive
à un froid rigoureux, qui survient brusquement lorsque
le vent tourne au nord et passe sur les neiges du Caucase
avant d'arriver à la ville, paraît une des causes principales des maladies qui attaquent les étrangers. Il y a peu
de temps que les Russes ont commencé à bâtir la *nouvelle*
ville de Koùba, vingt-cinq lieues à l'ouest de l'ancienne, et
sur la droite de Koussar tchaï, dans un canton dont l'air
est peu sain. Le district de Kouba fournit beaucoup de
grains, qui approvisionnent le Chirvân quand la récolte
y manque. Il produit aussi de la soie, du safran, de la
garance et du coton. On y prépare du salep avec la ra-
cine des orchis, dont on y trouve plusieurs espèces. Il y
a également beaucoup de chevaux et de bestiaux, qui
paissent dans des pâturages excellens et abondans. Les
habitans du Kouba sont agriculteurs et commerçans ; ils
fabriquent de gros draps et de beaux tapis, qu'ils échangent avec les peuples des montagnes contre du miel, de
la cire, et plusieurs sortes de pelleteries. Les environs
de ce bourg sont fertiles, mais généralement peu cultivés ; car depuis que les Russes sont maîtres de ce pays,
les habitans des campagnes sont moins à l'abri des incursions des Lesghi qu'auparavant, parce que l'ancien
khan de Kouba, homme d'un caractère belliqueux et
remuant, parcourt continuellement les montagnes pour
exciter les tribus de ces cantons contre les Russes.

Le long de la côte de la mer, entre le Samour et le Belbeli tchaï, s'étend le *Mouchkour,* pays beau et fertile, rempli de villages; la pêche y est abondante, la terre propre à l'agriculture; on y voit des prairies riantes : les forêts, remplies de chênes et de hêtres touffus, contiennent aussi un grand nombre d'arbres fruitiers, qui produisent une immense quantité de pommes, de poires, de prunes, de coings, de noix et de nèfles. La vigne y croît sans culture, s'entrelace autour des arbres les plus hauts, et forme des berceaux qui donnent un ombrage frais. Les mois de décembre et de janvier sont les plus agréables et les plus tempérés; à cette époque les montagnards font paître leurs troupeaux dans le Mouchkour. Ce pays produit une grande quantité de riz et de froment, qui s'exportent dans le Daghestân. Chaque village a son ancien ou *kaukha,* soumis à l'inspection d'un *youz-bachi.* Les habitans sont d'origine turcomane. En été, ils quittent les plaines pour éviter les grandes chaleurs, et se retirent dans les montagnes inférieures du Caucase. Sur la côte du Mouchkour et à l'embouchure du Deli tchaï, dans la Caspienne, est la rade de *Nisabad,* nommée *Nizova* par les Russes; elle n'est pas très commode pour l'abordage, ni à l'abri des coups de vent. Plus au sud et au delà de l'Ata tchaï, s'élève le *Bich barmak,* ou les cinq doigts, haute montagne qui se prolonge jusqu'à la mer.

Le *Chirvân* est limité, à l'est, par la mer Caspienne; au sud, par le Kour inférieur jusqu'à son embouchure; à l'ouest, il s'étend jusqu'aux rives du Gok tchaï; au nord, il est borné par le Khaladar, montagne neigeuse, et par le cours du Sougaïté, qui le sépare du Daghestân. La partie maritime de cette province jusqu'à Sallian, est stérile et couverte de buissons épineux et de plantes salines. Les environs de Bakou et la presqu'île d'Abcherôn ne sont pas plus fertiles. Le long de la côte, un grand nombre de collines sont formées par le limon que vomit la terre par des ouvertures toujours en action; plusieurs sont de véritables volcans vaseux, dont les éruptions sont souvent accompagnées de flammes. Toute la presqu'île d'Abcherôn est imprégnée de naphte et de particules bitumineuses: le feu sacré de Bakou, connu par les descriptions des voyageurs, est visité par une foule de Parsis de Yezd et d'Hindous du Moultan et d'autres provinces septentrionales de l'Inde qui y viennent en pélerinage. Le nord du Chirvân est montagneux; les parties occidentale et méridionale du pays sont arrosées et fertilisées par un grand nombre de rivières qui vont se réunir au Kour.

Bakou, ville dont le port, médiocrement bon, est visité souvent par les navires marchands russes, étoit autrefois gouverné par un khan; le dernier, nommé Hhussein kouli, fut déposé, en 1806, pour avoir fait assassiner le prince Tsitsianov, général russe. Bakou, vu de la mer, a la forme d'un triangle; la mosquée, placée près de l'ancien palais bâti par Abbas II, roi de Perse, est sur le point le plus élevé. La ville, composée d'une grande forteresse ou cité et d'un faubourg, est habitée par des Persans, qui sont les plus nombreux, des Arméniens et des Turcomans. Les rues de la cité sont étroites; celles du faubourg sont larges et alignées. Presque toutes les mai-

sons ont une terrasse en terre pétrie avec de la naphte;
ce qui la rend impénétrable à la pluie. Le bazar est bien
fourni de marchandises de Russie et de Perse. Les rues
sont pavées de larges dalles de pierre, et paroissent toujours très propres. Le commerce y est languissant. Le
khan de Bakou, comme celui du Chirvân, était propriétaire de presque toutes les terres et des maisons de ses
états, qui aujourd'hui font partie des domaines du gouvernement russe. Indépendamment des droits de douane
et des revenus territoriaux, la couronne afferme à des
Arméniens la chasse des phoques, qui se fait sur l'île
Tulenoï ostrov. On y prend annuellement six mille de
ces animaux; ils sont plus petits que ceux des grandes
îles de la mer Caspienne. Les premiers pèsent vingt-cinq
livres russes, les autres quarante. On les paie aux pê-
cheurs cinquante à soixante-dix centimes la pièce; il en
coûte trente-cinq pour les transporter à Astrakhan, d'où
ils sont expédiés, en hiver, à Kazan. Leur huile entre dans
la composition des savons noirs, dont on fabrique une
très grande quantité dans cette ville, et qui se consom-
ment dans toute la Russie. Le territoire de Bakou produit de la soie, du safran, un peu de riz et de la garance
sauvage. Le coton qui sert à la fabrication des toiles
vient du Mazanderân; il est à courte soie, mais assez
doux et blanc. Il est généralement plus cher que celui
qu'on tire d'Erivân, quoiqu'il ne soit pas beaucoup plus
beau. Les cent puits de naphte noire sont loués à un
arménien, moyennant 205,000 francs par an; les quinze
puits de naphte blanche le sont pour 6,200. La naphte
est transportée sur des chariots à Bakou; on l'y con-

serve dans des citernes. La plus grande partie de ce bitume s'expédie pour la Perse, et principalement pour le Ghilân et le Mazanderân, où il sert généralement pour l'éclairage. On estime à quatre-vingt mille quintaux la récolte annuelle de naphte noire; sur cette quantité, la Perse seule en prend plus des sept huitièmes. On ne paie ordinairement la naphte noire qu'un franc le poud (trente-trois livres); mais ce prix est toujours exigé au comptant, ou en marchandises qui conviennent aux fermiers. La vente de la naphte blanche ne s'élève qu'à environ huit cents pouds : elle coûte ordinairement 10 francs et demi le poud. La ferme du sel des lacs rapporte au gouvernement environ 45,000 francs. Le seul lac Massasir en fournit au fermier cinq cent mille pouds. La pêche de Sallian est très considérable; sa ferme rapportoit autrefois 200,000 francs.

Le khan de Chirvân, s'étant enfui en Perse, en 1820, abandonna aux Russes sa province, ses revenus et son mobilier. La capitale de ce pays était *Chamakhi*, bâtie sur la rive gauche du Bir-saat tchaï; détruite par les Russes, sous Pierre-le-Grand, elle fut rebâtie, plus tard, à sept lieues plus à l'ouest, sur les bords de l'Ak sou. Cette nouvelle ville reçut le nom de *Ienghi-Chamakhi*, ou de Nouvelle-Chamakhi. On voit encore, dans l'ancienne ville, des rues régulièrement tracées, des maisons et des bazars; enfin des caravanserais, dont les voûtes sont les unes à demi brisées, les autres encore entières. Une trentaine d'habitans, demeurant à une de ces extrémités, sont les restes d'une population de cent mille ames, que cette cité renfermait il y a à peine un siècle. La for-

teresse, où jadis résidoient les khans, est encore en bon
état, et pourroit être rétablie avec peu de dépense. La
Nouvelle Chamakhi a été également détruite durant
les nombreuses invasions auxquelles ce pays a été en
proie ; elle ne renferme plus que quelques centaines
d'habitans, et un petit bazar où l'on vend des soies
écrues, production du pays, et quelques autres marchandises de peu de valeur. Le khan de Chirvân s'était retiré
à *Pfi tag,* forteresse qu'il avait fait construire sur un rocher haut et escarpé, à huit ou neuf lieues au nord de la
Nouvelle Chamakhi. Désespéré de voir sans cesse sa capitale ravagée et détruite, ses sujets conduits en esclavage,
le khan avait forcé le reste de la population des deux
Chamakhi et des plaines qui les avoisinent, à se retirer
avec lui à Pfi tag , eù il était à l'abri des incursions des
Lesghi ; de sorte que cette place renfermait environ
trente mille ames. Le canton de Chamakhi était auparavant habité par des Arméniens, possesseurs de beaux
vignobles, qui donnaient un vin excellent, regardé avec
raison comme le meilleur du Caucase. Il n'y coûte que
quatre vingts centimes le batman. Les vendanges se font
au mois de septembre. Les grenades sans pepins de
Chamakhi sont également célèbres.]

A l'occident de la Nouvelle Chamakhi s'étend la belle
et vaste plaine de *Kaballah,* arrosée par les différens bras
du Gardimani et entourée de montagnes ; elle se prolonge , à l'ouest, jusqu'au bras droit du Gok tchaï, ve-
nant de la chaîne du Salavat dagh, et contient plusieurs
villages et hameaux, dont les habitans cultivent la terre et
élèvent des troupeaux. On y récolte beaucoup de grains

et de fruits, principalement de châtaignes, de figues et de grenades d'un goût exquis. On y nourrit beaucoup de vers à soie; les pâturages sont excellens. Les habitans sont Turcomans et Arméniens, qui parlent un dialecte turcoman, mêlé de plusieurs mots persans.

Le khanat de *Chakhi* est séparé, à l'est, par le Gok tchaï de celui de Chirvân. Ce pays occupe le versant méridional des montagnes neigeuses de Koulmouki ou Koumouk, qu'on appelle aussi les monts de Djak ou Chak, et s'étend, au sud, jusqu'à la rive gauche du Kour. A l'ouest, le Kanik ou Kennag le sépare du territoire du sultan d'Elisoui ou Eliseni. Les rivières principales sont l'Aldjagan tchaï et le Gheldighilani, elles traversent le pays qui est habité par des Lesghi et des Turcomans. Chakhi était le domaine de Djaphar kouli khan; il mourut, en 1820, sans enfans, et laissa cette province à la Russie. Il résidait dans la nouvelle ville de Noukhi, située sur une hauteur, au pied de laquelle coule l'Aldjagan tchai; au nord de la ville commencent les montagnes de neige. En été, la chaleur y est insupportable, et les collines, exposées au rayon d'un soleil brûlant, ne sont couvertes que de quelques broussailles et de buissons épineux. La ville de *Chakhi* se trouve sur les bords du Kennag. L'ancienne était Noukhi, sur le Gok tchaï supérieur, au pied des monts neigeux. Plus au nord est le village de Vandam, au milieu d'une forêt d'arbres fruitiers, remplie de noyers et de châtaigniers majestueux, entre lesquels ruissèlent des sources d'eau limpide; c'est sur leurs bords que sont dispersées les maisons des habitans. La partie méridionale du khanat de Chakhi est une plaine fertile, nommée *Akdach*, qui contient des jolis hameaux et villages. Elle produit du riz, du froment, du millet, des fruits et de la soie. Tous les dimanches, il s'y tient une foire, à laquelle se rendent les peuplades voisines pour y vendre et acheter leurs denrées. Dans la partie septentrionale de cette plaine est le village de Bertha, connu par ses bons fromages, dont il se fait un grand commerce.

La plaine de *Mogan* ou *Mougan* est entre le Kour inférieur, l'Araxes et la mer Caspienne ; elle s'étend, au sud, au delà du port de Kyzil agatch jusqu'aux montagnes de Talichah. Cette plaine est coupée par plusieurs petites rivières qui vont joindre le Kour ou se jeter dans la mer ; on y voit aussi plusieurs lacs et des marécages couverts de roseaux. Le pays est revêtu d'herbages très hauts, et infesté de serpens, dont la longueur est souvent de huit à neuf pieds, et qui augmentent beaucoup en été. Ils se tiennent dans des trous dans la terre, et rendent le trajet de cette plaine très dangereux. Dans la guerre contre Mithridate, roi de Pont, la grande quantité de ces serpens empêcha Pompée de pousser jusqu'aux bords de la mer Caspienne, et le força de retourner dans l'Arménie-Mineure. Le Mougan est habité par deux pauvres tribus turcomanes, nommées Chaïsevani et Mougami, qui vivent dans de misérables cabanes de roseaux, et élèvent des troupeaux. Cependant leurs haras fournissent les chevaux persans, qui sont très recherchés. Une grande partie de ces Turcomans traversent en hiver le Kour, et font paître leurs bestiaux dans le voisinage de Sallian ou sur la gauche de l'Araxes; ils en obtiennent la permission en payant une redevance au gouvernement et aux propriétaires des pâturages. Il y a peu de villages le long de la côte maritime; le plus considérable est celui de Kizyl agatch, qui donne son nom au golfe dans lequel le Kour a son embouchure.

Le *Talichâh* ou *Talichân* est un pays montagneux qui borde la côte de la mer Caspienne, confine au nord avec le Mougan et au sud avec le Ghilân, province de Perse. Les habitans appartiennent à deux tribus différentes, les Ghilân et les Talich ou Talichâh. Les derniers sont d'origine mède, et leur langue mérite d'être examinée avec soin. *Far* signifie père, *mour* mère, et *bour* frère. Un chien s'appelle *spek,* mot qui correspond avec *spako,* nom de la chienne en mède, qu'Hérodote nous a conservé. Sur le bord de la mer, on trouve Lenkerân, ou plutôt Lengkenâr. La vigne sauvage y croît dans toutes les forêts et entoure les arbres les plus élevés. Les raisins sont rouges, de grosseur moyenne et agréables au goût : on les sèche et on en assaisonne le pillau; ils portent alors le nom de kichmych. La partie du Talichâh, qui appartient aux Russes, s'étend au sud jusqu'à la petite rivière de Tchilivân; c'est la province la plus méridionale de la Russie.

II. POSSESSIONS PERSANNES.

Les seuls cantons de la Perse qui entrent dans le cadre de ce tableau sont ceux que baigne l'Araxes; ce sont les territoires d'*Erivân* et de *Nakhtchivân*.

Erivân ou *Irivân* est un khanat séparé, au nord et à

l'est par la chaîne des monts de Pambaki, des possessions de la Russie; et, au sud, par l'Ararat, de celles de la Turquie. Il est traversé par l'Araxes et par un grand nombre de ses affluens, parmi lesquels le plus considérable est le *Zenga* ou *Zenghi*, qui sort du grand lac Goktcha ou Sevani, situé dans la partie septentrionale du pays. Le climat est sain, quoique l'air soit un peu épais; l'hiver y est long et rude, et l'été très doux. Le sol, en général fertile, bien cultivé et bien arrosé, produit en abondance de l'orge, du froment, du riz très estimé, quelques fruits, et surtout d'excellent raisin dont on ne fait pas de vin; le pavot, la sésame, le tabac et le coton y sont cultivés avec succès. Il y a très peu de bois; les montagnes ont de gras pâturages, où l'on élève beaucoup de bestiaux. Les exportations consistent principalement en riz et en céréales. Le pays est très peuplé; les Arméniens sont les plus nombreux habitans à demeure fixe: il y a aussi des Persans et des Juifs. Les nomades sont des Turcomans et des Kurdes, gouvernés par leurs chefs, qui paient tribut à la Perse: on évalue leur nombre à cinq mille familles, qui professent la religion mahométane, et qui, pour la plupart, sont sounnites.

La ville d'*Erivân* renferme environ deux mille maisons, éparses au milieu de champs et de jardins; elle est défendue par une citadelle, située sur un rocher qui s'élève perpendiculairement à cent toises au-dessus de la rive gauche du Zenghi, et est protégée du côté opposé par un large fossé à sec, sur lequel sont jetés des ponts mobiles. Cette forteresse a une double enceinte en terre, flanquée de tours, et renferme le palais du khan, une belle mosquée et d'autres édifices publics. Il y a dans la ville quelques fabriques de toiles de coton et de poterie, ainsi que des tanneries. Les habitans, pour la plupart Arméniens, font un commerce assez considérable avec les Russes et les Turcs, et, en temps de paix, leurs caravanes sont à Tiflis. En 1808, les Russes tentèrent vainement de s'emparer d'Erivân, et y perdirent beaucoup de monde par l'inhabileté de leur chef, le vieux maréchal Goudovitch, poltron imbécille et dénué de tout talent militaire.

Au nord-ouest de cette ville, dans la belle vallée d'Astaraki, on trouve le célèbre couvent d'*Etchmiadzin*, appelé par les Turcs Utch kilisseh, ou les cinq églises. Cet ancien chef-lieu de la religion arménienne a beaucoup souffert dans les dernières guerres entre les Russes et les Persans ; le patriarche et ses prêtres se sont réfugiés sur les terres de la Russie. Nakhtchivân, ville arménienne très ancienne, et son territoire, appartiennent aussi au khanat d'Erivân ; plus au sud est le pont de Djoulfa, sur lequel on passe l'Araxes.

III. POSSESSIONS TURQUES.

Les Turcs, auxquels appartenaient autrefois toute la Géorgie supérieure, le Ghouria, l'Imeréthi, la Mingrelie, et les pays des Abkhas et des Tcherkesses le long de la mer Noire, n'y possède plus que le pachalik d'Akhiskhah, une partie du Ghouria et quelques places sur les côtes du Pont-Euxin.

La pachalik d'*Akhiskhah* est la partie de la Géorgie qui,

dans la langue du pays, porte le nom de *Zemo K'harthli* ou
du K'harthli supérieur. Cette province occupe les bords
du Kour supérieur et de ses affluens; elle fit autrefois partie du gouvernement de *Tchildir;* mais la ville de ce nom
ayant été détruite, son territoire fut réuni à celui d'A-
khiskhah, et tous deux ne formèrent qu'un seul pachalik
qui, à l'est, est borné par la Géorgie russe et le pachalik
de Kars; au sud, par les montagnes de Tchildir; à
l'est, par le Ghouria et par la chaîne des monts Kalikan;
et, au nord, par la Géorgie et l'Iméréthi. Ce pays, avant
de devenir province turque, s'appeloit *Sa Atabago*, ou
appartenant à l'atabeg, parce qu'il était l'apanage du
menin des fils des rois de Géorgie qui la leur accordait
en fief. Un de ces atabegs, nommé Menoudjehr, fils de
Gazeh, y régnait en 1580, époque à laquelle le visir
Mustapha pacha reçut l'ordre du sultan Mourad III de
s'emparer du Chirvân. Alors Menoudjeher embrassa
l'islamisme, et garda son pays comme *odjaklik* ou fief héréditaire dans sa famille. Plus tard, les Persans s'emparèrent d'Akhiskhah; cette capitale fut reprise sous le
sultan Mourad IV, par Kanon pacha, qui se rendit aussi
maître de six autres places fortes du pays. Alors cette
province fut donnée également comme odjaklik à Sefer
pacha, dans la famille duquel elle resta long-temps.

Akhiskhah, en géorgien *Akal tsikhé*, ou la forteresse
nouvelle, est sur le penchant d'une colline, dans une
belle vallée, et sur le Dalki, affluent de gauche du Kour.
La rive droite du Dalki est embellie par une infinité de
jardins. On y voit encore les ruines du palais de Sule-
mïan pacha, qui s'étant révolté contre le Grand-Sei-

gneur, s'y défendit long-temps et finit par succomber.
La ville, proprement dite, est entourée de fossés et
d'un double rang de tours, les unes carrées, les autres
rondes; un fort la domine. Elle est plus petite que Tiflis;
les Turcs composent la majeure partie de la population:
les Arméniens, les Géorgiens et les Juifs sont en petit
nombre, soit dans la ville, soit dans les villages voisins.
On compte à Akhiskhah cinq cents familles d'Arméniens
catholiques; ils y ont deux églises, desservies par des
prêtres qui font l'office en langue arménienne. On voit
dans la ville une belle mosquée, des colléges, des bains
publics et des caravanserais. Son commerce est peu considérable, et le bazar n'est pas grand. On y apporte
quelques marchandises de la Perse : elle n'a de relations
qu'avec Erivân, Arzen-erroum et Tiflis. Le pays est riche
par l'agriculture et par le nombre de ses troupeaux. On
y recueille beaucoup de soie, de miel et de cire; l'oli-
vier, qui ne se trouve pas dans les autres parties de la
Géorgie, y prospère et fournit une quantité considérable d'huile.

Le château d'*Atsqveri,* nommé *Razghour* par les Turcs,
est situé à la gauche du Kour, sur un rocher escarpé,
au commencement d'un défilé qui s'étend jusqu'à la
frontière de la Géorgie russe, où il se termine à Bedreh,
fort ruiné.

Akhal-kalaki, ou la ville blanche, est situé au sud-est
d'Akhal tsikhé, sur une hauteur au milieu d'une plaine,
et sur la droite du Kour. L'air y est froid; mais le pays
produit du blé et des fruits. Ce lieu est mémorable par
une honteuse affaire du comte Goudovitch contre les

Turcs, qui eut lieu en 1806, et dans laquelle il perdit plusieurs canons.

Ardanoudji est une place forte, sur un rocher très élevé. On y monte par un chemin taillé dans le roc : les bêtes de somme ne peuvent arriver qu'à la moitié ; on ne peut aller plus haut qu'à pied, et avec peine. Il y a à Ardanoudji deux citernes ; l'une est creusée dans le roc, qui forme un des bastions de la place ; l'autre est au milieu du fort : c'est la plus grande, et l'eau y abonde toujours. Au bas de la montagne se trouve le faubourg dans lequel il y a des édifices publics qui datent du temps de Sefer pacha.

Dans la partie méridionale du pachalik d'Akhiskhah, à quelques lieues au sud d'Ardanoudji, on rencontre la ville d'*Oltissi,* où l'on fabrique du borax excellent, qui est l'objet d'un grand commerce.

Les Turcs ne possèdent, sur toute la côte nord-est de la mer Noire, que les villes et forts d'*Anàpa, Soudjouk kalah* et *Pothi.*

Anàpa est le port le plus septentrional de la côte du pays des Tcherkesses ; il se trouve à peu de distance de l'embouchure du Kouban. Les Turcs fondèrent cette ville en 1784, lorsque les Russes eurent occupé Taman, qui, avant cette époque, était le marché principal des Tcherkesses ; c'est aujourd'hui la résidence d'un pacha. Sa situation et sa possession sont d'autant plus importantes pour les Turcs, qu'elle leur sert de moyen de communication avec les peuples musulmans qui habitent le Caucase. Autrefois le commerce entre Taman et Anàpa était assez actif ; il a entièrement cessé, à cause des me-

sures sanitaires auxquelles sont assujétis les Turcs d'A-
nàpa lorsqu'ils veulent traverser le Kouban, et surtout
par suite des dispositions réciproquement malveillantes
qui existent plus que jamais entre les Russes et les Ottomans. Dans d'autres circonstances, le commerce d'A-
nàpa pourrait acquérir quelque importance, si la situation entre les deux empires ne causait plus d'inquiétude
anx marchands arméniens et turcs de Constantinople, et
ne les empêchait d'y établir un entrepôt pour les marchandises qui conviennent aux habitans des montagnes
du Caucase. La population d'Anàpa est d'environ trois
mille habitans, un tiers Turcs, et le reste Tcherkesses,
Arméniens et Grecs : ces derniers sont aujourd'hui en
très petit nombre; ils sont sévèrement surveillés, et en
quelque sorte captifs. Leurs maisons sont de véritables
cabanes. Le fort est garni de plus de quatre-vingts pièces
de canon en bronze; mais ses remparts ne seraient pas
trop en état de résister à une attaque sérieuse. Le port,
ou plutôt la plague, est presque ouverte; le fond est de
sable et de mauvaise tenue : il n'y peut entrer que des
bâtimens d'un faible tirant d'eau; encore sont-ils exposés à être jetés en mer lorsque le vent de terre souffle avec
violence. Anàpa, pris en 1807 par les Russes, fut restitué
à la Porte en 1812, avec Pothi; tandis que la Russie
gardait, sous des prétextes spécieux, les autres forts sur
la côte nord-est de la mer Noire, qu'elle devoit également
ment rendre aux Turcs, conformément au même traité.

Soudjouk kalah est à huit lieues au sud-est d'Anàpa.
Cette place n'a qu'une baie ouverte, défendue contre les
vents du nord par le cap Taouba. Il en ferme l'entrée, que

favorisent toujours les courans, qui partent avec une grande rapidité du sud au nord, tout le long de la côte. Le fond de cette baie est vaseux, et les bâtimens y sont en parfaite sûreté pendant huit mois de l'année. Le commerce de Soudjouk kalah est absolument nul ; les habitans, aujourd'hui peu nombreux, tirent d'Anapa les marchandises d'Europe dont ils ont besoin, en échange de cuirs, de buis, de cire, de miel, et de quelques esclaves. Entre Soudjouk kalah et *Ghelindjik limani*, ou la baie des belettes, éloignés à quinze lieues au sud-est, on trouve une petite anse à laquelle les Turcs donnent le nom de Faux-Ghelindjik. Ghelindjik, proprement dit, est une baie défendue par deux caps contre les vents du nord et du sud, et qui n'est exposée qu'aux seuls vents du sud-ouest. Les Turcs avoient autrefois une garnison dans cette place : ils l'en ont retirée, ainsi que de Soudjouk kalah, afin de concerter leurs forces à Anapa. A quinze lieues au sud-est de Ghelindjik est la baie de *Pchad;* elle est sûre pendant neuf mois de l'année : sa profondeur est de sept à neuf brasses ; le fond est de vase et de coquillages. Cette place est absolument privée de commerce. La rade est formée par deux caps. Toutes les terres de cette partie du pays des Tcherkesses sont remarquables par leur fertilité et par la forte végétation des arbres dont elles sont couvertes. Le climat est tempéré dans les montagnes, chaud dans les plaines, et généralement salubre. La frontière du pays des Abazes est à sept lieues au sud de Pchad, et avant d'arriver à la baie du Soubachi, on ne trouve plus rien qui appartienne aux Turcs sur cette côte. La Mingrélie, autrefois tributaire du sultan de Constantinople, se trouve à présent sous la protection de la Russie. Les Turcs n'y ont gardé que la forteresse de *Pothi* ou *Fach kalah*, à la gauche du Rioni, près de son embouchure. La ville est située entre la mer, le Rioni et le lac Paliastomi. On y compte quatre mille habitans. En temps de paix, les Turcs n'y entretiennent qu'une petite garnison, qu'ils augmentent cependant quand les circonstances l'exigent. Cette place fut prise par les Russes au mois de novembre de l'an 1809, et restituée aux Turcs en 1812, à la paix de Bukarest. Le port n'est pas très sûr, et l'embouchure du Rioni est obstruée par un grand nombre d'îles et de bancs de sable. Les grands navires marchands sont obligés de rester à une demi-lieue de la ville. La navigation sur le Rioni est également difficile et se fait par des petits bâtimens ou grands bateaux qui ne peuvent remonter ce fleuve que jusqu'à *War tsikhé*, à environ vingt lieues de la mer. Le lac *Paliastomi*, au sud-est de la ville, donne naissance à trois courants d'eau, nommés Paliastomi, Dedaberi et Motapo; ils se réunissent en un seul, qui tombe dans la mer à deux lieues et demie au sud de l'embouchure du Rioni. Un canal, sortant de l'angle oriental du lac, ●● joint au Rioni, de sorte que Pôthi est dans une île.

La partie du *Ghouria*, qui appartient aux Turcs, finit au sud à *Batoumi*, ville dont le commandant relève du pacha d'Akhiskha. Elle a environ deux mille habitans, parmi lesquels on compte quelques Arméniens. Elle est située sur le bord de la mer Noire, et à une certaine distance, au nord-est, de l'embouchure du Tchorokhi;

ses maisons éparses la font ressembler à un vaste hameau plutôt qu'à une petite ville. La rade est ouverte à l'est, au nord-est et au nord, et défendue à l'ouest par une langue de terre et de sable, se prolongeant à peu près à une lieue au nord. Cette rade est profonde, et les bâtimens y sont aussi en sûreté que dans le meilleur port. Ils peuvent s'amarrer à terre à dix toises du rivage. Aucun fort ne défend ce mouillage; une seule tour, sans canons, environnée d'un fossé, et dont la fondation est en pierre et le reste en bois, est à l'entrée du bazar, qui ne consiste qu'en une cinquantaine de mauvaises boutiques où l'on n'aperçoit que des objets de peu de valeur. Le pays est fertile en fruits, en blé et surtout en riz; mais le commerce de cette ville est nul; les petits navires et les bateaux qui y abordent n'apportent, en général, que du fer, du sel, du savon, et quelques étoffes à l'usage des habitans. La maison du commandant, défendue par une tour en pierres, est située à un quart de lieue au nord de la ville, sur une hauteur; au delà coule le Batoumi.

CHAPITRE VI.

Commerce. — Manque de productions propres à être exportées. — Difficulté des communications. — Estimation générale du commerce de la Géorgie. — Projets fabuleux d'un commerce par terre avec l'Inde. — Réflexions sur la position politique des Russes dans les pays Caucasiens, et sur leurs guerres contre la Perse.

COMMERCE.

Les productions des pays Caucasiens ne peuvent faire l'objet d'un commerce extérieur considérable. Les parties des plus hautes des montagnes sont stériles; souvent la disette oblige les habitans de ces contrées à se procurer chez leurs voisins, dans la plaine, les grains nécessaires à leur subsistance.

La chèvre est l'animal le plus utile des Alpes Caucasiennes; son poil est employé par plusieurs tribus à la fabrication d'une espèce de drap grossier qu'on appelle *châl;* il est d'un grand débit dans les montagnes, et se vend également en Perse et en Turquie. On emploie aussi le poil des chèvres et des moutons à faire des *bourki* ou manteaux de feutre, qui sont une pièce nécessaire à l'accoutrement des montagnards, parce que, étant impénétrables à l'eau, ils les préservent contre l'effet des pluies et des brouillards, fréquens dans ces régions. Les bourki des Lesghi sont les plus estimés; on les transporte en Perse et en Asie-Mineure, et on les paie très cher.

Quant aux mines du Caucase, elles ne sont encore que peu exploitées. Le pays des Ossètes est riche en plomb, qui contient souvent assez d'argent pour qu'il vaille la peine de le séparer; mais ces mines ne sont pas au pouvoir des Russes; ils n'exploitent que celles de la Géorgie méridionale, et des montagnes qui séparent l'Iméréthi du K'arthli, dont le produit n'est pas considérable. Le bois de construction et le vin sont les seules productions de l'isthme Caucasien qui méritent quelque attention. Le premier peut devenir un objet de commerce très important sur les côtes de la Mingrélie et de l'Abazie; on y pourrait même établir des chantiers, pour lesquels le Caucase occidental fournirait le fer nécessaire, si l'on parvenait à dompter les Abazes et les Souanes. Dans les circonstances actuelles, on pourrait tirer ce métal de la province de Ratcha, dans l'Iméréthi septentrional, généralement riche en métaux utiles. Quant au vin, il est d'une qualité excellente, et abonde tellement dans les pays situés entre la mer Noire et la Caspienne, qu'il deviendrait l'article le plus important de l'exportation, si le gouvernement russe introduisait une meilleure manière de le préparer et de le garder. A présent on le presse sans soin, et on le laisse fermenter avec si peu de précaution, qu'il ne dure pas même jusqu'à la vendange suivante. Pour le transporter, on se sert d'outres, faites avec des peaux entières d'animaux, qu'on enduit intérieurement de pisasphalte pour les rendre impénétrables; ce qui donne au vin un très mauvais goût, et contribue à l'aigrir. Jusqu'à présent les Géorgiens ont été trop insoucians pour mettre le vin en barrique, seul moyen cependant de le conserver et de l'améliorer; leurs montagnes fournissent pourtant du bois excellent pour faire toute espèce de futailles; il suffirait d'envoyer dans ce pays des tonneliers.

Pendant mon séjour à Tiflis, un Hongrois, nommé Martini, auquel le général Goudovitch avait confié la direction de quelques vignobles appartenant au gouvernement, avait fait, avec les raisins du Kakhéthi, plusieurs espèces de vin qui pouvaient se comparer aux bonnes qualités du Bourgogne : la mort de cet homme empêcha de suivre ces expériences utiles; d'ailleurs elles n'étaient pas bien vues de la part des indigènes du pays, qui alors, nourrissant encore l'espérance d'échapper à la domination russe, craignaient que l'amélioration des vins de leur pays ne contribuât à disposer les Russes à ne pas quitter de sitôt la Géorgie. En effet, si l'on portait une attention particulière à la préparation du vin dans les pays caucasiens, ces contrées seraient en état d'en fournir à la Russie tout ce qu'elle consomme; mais avant d'y parvenir, il y a encore beaucoup à faire en Géorgie, où l'ignorance et les préjugés se montrent comme ailleurs, les ennemis les plus invétérés de toute réforme salutaire.

Il est en général impossible de donner de l'extension au commerce dans un pays où il n'y a ni communications faciles, soit par terre, soit par eau, ni moyens commodes de transport. Or, dans tout l'isthme caucasien, il n'existe pas une rivière navigable, puisque l'on ne peut regarder comme telles celles dont la navigation est circonscrite à de petits bateaux, et à une distance de quelques lieues de leur embouchure. De même que dans tous les pays dont le terrain a une pente considérable, ces rivières ressemblent à des torrens; leur lit est pierreux et fortement incliné, leurs bords sont escarpés, leur cours est tortueux et d'une rapidité extrême, et le volume d'eau y varie singulièrement selon les saisons; toutes ces circonstances s'opposent à la possibilité d'une navigation régulière et commode. La nature du terrain se refuse et se refusera constamment à tous les moyens que l'art pourrait raisonnablement employer, afin d'établir une navigation intérieure. Tout ce qui a été raconté par les anciens sur la grande navigation du Cyrus (*Kour*) et du Phasis (*Rioni*), à l'époque où le commerce de l'Asie avait pris la direction de la mer Caspienne, d'où les marchandises se répandaient ensuite au nord et au midi de l'Europe, ne peut être admis qu'en limitant la navigation aux embouchures de ces fleuves; car l'inspection des lieux prouve qu'on n'a jamais navigué sur le Kour, ni sur le Rioni, d'une manière sûre et régulière, comme l'exige un commerce étendu et florissant (1). Malgré ces faits incontes

---

(1) C'était à l'époque où Pompée faisait la guerre contre Mithridate, que les Romains eurent connaissance d'une route de l'Inde qui traversait la mer Caspienne et conduisait au Pont. Des explorateurs, envoyés en Bactriane par le général romain, rapportèrent qu'on allait en sept jours de l'Inde à la rivière *Icarus*, qui se réunit à l'*Oxus*; on suivait alors le cours de ce dernier fleuve, traversait la mer Caspienne, et atteignait le

tables, on s'est bercé à Saint-Pétersbourg de l'espoir de rétablir, sur ces deux rivières, la navigation dont quel ques auteurs anciens ont parlé sans connaître la nature du pays; une pareille navigation n'a jamais existé telle qu'on voudrait le faire accroire, et aucun effort de l'art ne pourra l'établir.

Si les communications par eau manquent dans l'isthme caucasien, les routes par terre ne sont pas non plus dans un bon état; les voitures ne peuvent guère passer que par le chemin qui conduit le long du Kour jusqu'à Sourami, à la frontière, entre le K'arthli et l'Imeréthi, et de là à Kouthaissi : on peut aussi aller de Tiflis en Kakhéthi, avec des arba ou chariots à deux roues et attelés de buffles, mais seulement jusqu'au point où commencent les montagnes plus élevées. Le manque de grands chemins oblige à transporter tout à dos de bêtes de somme, ce qui occasionne des frais considérables et est très incommode, puisque l'on ne peut placer sur chaque cheval que des ballots d'un petit volume. Enfin si l'on ajoute à tous ces obstacles le peu de sûreté qui règne dans ce pays, toujours exposé aux incursions des montagnards, on se convaincra que le commerce n'y sera jamais profitable, et y sera toujours difficile.

Cyrus qu'on remontait; et, de l'endroit où l'on quittait ce fleuve, il n'y avait qu'un trajet de cinq jours par terre jusqu'au *Phasis*, par lequel arrivaient les marchandises de l'Inde dans le Pont-Euxin. Strabon a aussi parlé de cette route; mais on ne trouve aucun indice dans les auteurs classiques, qui peut faire présumer que les productions de l'Inde fussent venues à Rome par ce chemin.

Dans le moment actuel, il est d'un très mince rapport. Les provinces situées sur les bords de la mer Noire,
originairement dépendantes de la Géorgie, et occupées
aujourd'hui par les troupes russes, sont encore plus sauvages et moins cultivées que le K'arthli et le Kakhéthi ;
elles n'ont d'autre commerce que l'exportation du buis
et de quelques bois de construction. Dans plusieurs cantons, comme dans toute la chaîne des hautes montagnes
du Caucase, l'usage de l'argent monnoyé est presque in-
connu. Les échanges se font au moyen de chemises de
toile grossière, ou de pièces de toile, et de morceaux
carrés de sel qu'on apporte à grands frais des mines de
l'Arménie septentrionale.

Toutes les marchandises qui entrent et qui sortent de
la Géorgie sont enregistrées, et paient les droits à la
douane de Tiflis. Le journal officiel de Saint-Pétersbourg
donne presque tous les mois un aperçu de ces entrées et
sorties ; j'en extrais ici celles des mois de janvier, février
et avril de l'an 1824, celles du mois de mars n'ayant pas
été mentionnées dans ce journal.

Dans le courant du mois de janvier, il arriva à Tiflis,
des pays situés au delà de la frontière, des marchandises
pour $33,928\frac{40}{100}$ roubles, argent blanc, consistant en
étoffes de soie façonnées, tissus de coton simple et de
laine, velours, coton cru et non filé, couleurs, cordes de
boyaux de mouton, sucre, différentes espèces de peaux,
feutres, poivre et fruits. — Dans le même mois, on a ex-
porté pour $26,277\frac{85}{100}$ roubles de marchandises, savoir :
des étoffes de soie façonnées et simples, des tissus de coton, du papier pour écrire, du drap, des feutres, de la

gaze, des cadenas; du fer-blanc en feuilles, différentes espèces de peaux, des cuirs, du clinquant, du laiton, des ustensiles en bois, des selles et harnais, des laines de mouton et des poils de chèvre, des schals de Bardan, des broderies en or et en argent.

Dans le courant de février de la même année, les importations des pays situés au delà de la frontière montaient à $54,997\frac{50}{100}$ roubles argent blanc; elles consistaient en différentes étoffes de soie façonnées et simples, tissus de coton et de laine, perles, peaux, couleurs, encens, huiles, savons, poivres, harnachemens, soie, schals et fruits. — L'exportation était de $39,632\frac{45}{100}$ roubles; elle consistait en étoffes de soie, tissus de coton, feutres, bourki ou manteaux de feutres, peaux, laines teintes, clinquant, chaussures, thé, soie écrue et coffres.

Au mois d'avril, il arriva à la douane de Tiflis pour $61,496\frac{30}{100}$ roubles, argent blanc, de marchandises; c'étaient des étoffes de soie façonnées et simples, des tissus de laine et de coton, des velours, du coton cru et non filé, de l'acier, des peaux, des couleurs, de l'encens, des ustensiles en cuivre, de la soie, du sel, des cordes de boyaux, de la poix, des fruits et du bétail. — On exporta pour $41,841\frac{401}{100}$ roubles, savoir : des soieries, des cotonnades, des tissus de laine, du fer en barres et travaillé, des couleurs, des peaux, de l'alun, des pelleteries, des gobelets d'argent, du clinquant, de l'étain et du bétail.

Roubles en argent blanc.

L'importation en trois mois a donc été de $155,422\frac{20}{100}$
L'exportation de...................... $107,751\frac{80}{100}$

Il faut remarquer que la plupart des marchandises exportées sont venues de la Russie à travers le Caucase, et que presque aucune production du pays, à l'exception du bétail et des manteaux de feutre, n'a été exportée.

L'importation dans les provinces russes au delà du Caucase surpasse donc l'exportation d'un tiers. En comptant le rouble argent blanc à 4 fr., l'importation annuelle ne serait donc que de 2,487,075 fr., et l'exportation de 1,724,028 fr.

A la première guerre entre la Russie et la Perse, ce faible commerce sera réduit à rien, puisqu'alors les communications entre les deux pays seront naturellement rompues.

PROJETS FABULEUX D'UN COMMERCE PAR TERRE AVEC L'INDE.

Plusieurs personnes ont cru que l'occupation de la Géorgie et d'autres provinces limitrophes de la Perse, pouvait faciliter à la Russie les moyens d'établir des relations commerciales et directes avec l'Inde, et que cette puissance parviendrait peut-être, par ce moyen, à menacer les possessions anglaises dans l'Hindoustân. Ceux qui ont pu nourrir de semblables espérances ne connaissent pas bien les localités des pays situés entre le Caucase et l'Inde, ni la nature du commerce de ce dernier pays. Je veux tâcher de discuter ici ces points, et de les placer dans leur véritable jour.

Le commerce que les anciens faisaient avec l'Inde n'était, sous aucun rapport, aussi considérable que celui qui eut lieu depuis que les Portugais eurent fait le tour de l'Afrique. Les Grecs et les Romains recevaient la plu-

part des marchandises de l'Inde, soit par l'Égypte, soit
par terre, au travers de la Perse; mais c'étaient toujours
des objets peu volumineux, tels que des pierres fines,
des épices, de la soie, des tissus précieux, etc. Les frais
de transport devenaient presque nuls, quand on les
comparait au prix élevé de ces marchandises, augmenté
encore par les dangers que couraient les marchands,
pendant un long voyage à travers plusieurs états différens et des pays à moitié sauvages.

La nature de ce commerce changea peu dans le moyen
âge. Les productions de l'Inde méridionale arrivaient
alors par l'entremise des Arabes dans le golfe Persique
et en Egypte, d'où on les transportait en Europe; celles
des pays septentrionaux de l'Inde, de la Haute-Asie et
de la Chine venaient par terre, en Perse; de là elles
étaient dirigées ou par la Syrie, ou par les contrées voisines de la mer Caspienne, jusqu'aux bords de la mer
Noire, dont le commerce était principalement entre les
mains des Grecs et des Italiens. Une grande partie de
ces marchandises arrivait aussi par la mer Caspienne
en Russie; elles y étaient échangées contre des pelleteries précieuses, puis se dirigeaient vers le nord de
l'Europe : ce trafic et celui des fourrures contribuèrent
beaucoup à enrichir la Russie. Il n'est donc pas étonnant
de voir les princes et les négocians de ce pays faire, à
différentes époques, des tentatives pour établir un
commerce direct avec l'Inde, afin d'y envoyer eux-
mêmes les productions de leur pays, et de rapporter en
échange celles de l'Inde tirées de la première main.
Ces efforts étaient louables; on put espérer de les voir

réussir aussi long-temps que le commerce de l'Inde ne changea pas de direction ; mais ils perdirent de leur mérite dès que les Portugais eurent franchi le cap de Bonne-Espérance, et apportèrent par mer en Europe les productions de l'Asie. Cette nation et les Hollandais, qui lui succédèrent dans l'Inde, purent ainsi procurer à l'Europe toutes les marchandises de l'Orient, à un prix beaucoup plus modéré qu'elle ne les avait reçues, par l'entremise des Génois et des Vénitiens, de la Perse et des ports de la mer Noire ou de la Russie, par les négocians de la ligue hanséatique. Les Russes perdirent alors presque entièrement le débit des marchandises de l'Inde en Europe, et furent réduits à échanger celles dont ils avaient besoin pour la consommation intérieure contre leurs productions ; la Russie fut donc obligée de chercher d'autres débouchés pour le surplus de celles-ci.

Les czars, tout en regrettant la perte des profits qu'avait procurés à leur pays la vente des marchandises de l'Asie faite par leurs sujets au reste de l'Europe, ne se doutaient cependant pas de la véritable cause du déclin de ce commerce si avantageux ; ils redoublèrent de tentatives pour se frayer une route vers l'Inde. C'est sans doute un des principaux motifs qui déterminèrent Ivan Vassiliévitch et ses successeurs à étendre les limites de leur domination jusqu'au Caucase et au delà du Terek ; et à renouer les anciennes liaisons de la Russie avec les princes de l'Asie moyenne. Néanmoins l'espérance de tirer de grands bénéfices d'un commerce par terre avec l'Inde, devait naturellement diminuer à mesure que les nations de l'Europe donnaient plus d'extension à leurs relations maritimes avec cette contrée, et qu'on leur demandait plus de marchandises d'une moindre valeur intrinsèque, et par conséquent d'un volume beaucoup plus considérable que les choses précieuses qu'on en tirait auparavant.

Pierre-le-Grand, l'esprit tout rempli des projets de ses prédécesseurs, mit à leur exécution cette ardeur qui distinguait toutes ses entreprises. Son expédition contre la Perse n'avait d'autre but que d'ouvrir à ses sujets le commerce de l'Inde. L'expérience lui apprit, comme je l'ai déjà observé plus haut, que les idées qu'on s'était faites sur la possibilité et sur les avantages d'un pareil commerce étaient erronées : il abandonna donc ses desseins ; et, si la mort ne l'avait pas enlevé, il aurait vraisemblablement remis à la Perse les provinces qui bordent la mer Caspienne à l'ouest. Cette restitution ne tarda pas à se faire ; car on reconnut bientôt à Saint-Pétersbourg que la possession de ces pays n'était d'aucune utilité pour la Russie, et qu'il fallait renoncer aux vains projets sur l'Asie, qui jusqu'alors avaient occupé les czars.

Sous le règne de l'impératrice Catherine II, la Russie fit ce qu'elle devait faire pour s'ouvrir vers la Méditerranée un meilleur débouché de ses grains et de ses autres productions : elle s'empara de la Crimée, et devint, par ce moyen, maîtresse des bords de la mer Noire et de sa navigation. Catherine, jalouse d'imiter son grand prédécesseur, se persuada facilement que ses sujets pouvaient se livrer avec fruit à un commerce direct avec l'Asie ; y porter les productions de leur pays et les échanger contre d'autres qui trouveraient un débouché profitable en Europe. Un aventurier, nommé Reineggs, honteusement chassé de Tiflis par le roi Héraclius, s'étant retiré en Russie, se présenta chez Potemkin, lui fit un tableau ravissant des richesses minérales de la Géorgie, et disposa ce favori à presser l'occupation de ce pays, résolue depuis long-temps comme le seul moyen de s'établir solidement au delà du Caucase, et d'y fonder, pour ainsi dire, le centre de la puissance russe; c'était de là qu'on devait, selon lui, tirer les moyens de soumettre la Perse et les pays situés sur les bords de l'Euphrate et du Tigre. Ce fut principalement Reineggs qui contribua au traité de 1783, par lequel Héraclius se déclara vassal de la Russie. Potemkin préparait encore d'autres conquêtes en Asie; mais sa mort, arrivée en 1791, l'empêcha d'exécuter ses vastes projets. Ce ne fut que sur la nouvelle de la prise et de la destruction de Tiflis par Agha Mohammed khan, que l'impératrice envoya le comte Valérien Zoubov dans le Daghestân et le Chirvân; et il est probable que cette guerre contre la Perse aurait fini par enlever à cette puissance toutes les provinces situées à l'ouest de la mer Caspienne, si le destin n'avait pas appelé Paul Ier au trône de la Russie. Ce prince fit revenir ses troupes du Daghestân, et au lieu d'étendre les limites de son empire du côté de l'Asie, il préféra s'arroger le rôle d'arbitre des destins de l'Europe. Cependant les victoires des Français et la grandeur de Napoléon lui firent encore changer d'idée; il rectifia sa politique, et résolut de tourner ses armes contre ceux qui l'avaient excité à la guerre contre la France; car il est vraisemblable que si ses assassins ne l'avaient pas prévenu, il aurait tenté une invasion sur les possessions anglaises dans l'Inde.

A cette époque, la position des Anglais dans l'Asie méridionale était entièrement différente de ce qu'elle est à présent. Dans l'Hindoustân, leur pouvoir n'avait pas encore acquis une stabilité inébranlable; la puissante fédération des Mahrattes n'était pas encore détruite, et présentait une alliance avantageuse à celui qui aurait voulu attaquer les possessions de la Compagnie des Indes. Quinze ans ont beaucoup changé l'état de ces contrées ; les Anglais n'ont plus aucun ennemi puissant à combattre dans la presqu'île en deçà du Gange. En tout cas, la perte de l'Hindoustân, à l'exception du Bengale, ne serait pas extrêmement préjudiciable à l'Angleterre, depuis que le congrès de Vienne lui a cédé pour toujours l'empire des mers, en abaissant l'influence politique de la France, et en donnant à la Russie la prépondérance sur le continent européen. Par sa position insulaire, l'Angleterre est à l'abri de toute invasion; au premier bruit de guerre, elle peut attaquer l'Europe sur tous les points, sans courir aucun risque pour sa propre sûreté. Un coup d'œil sur la mappemonde démontre la vérité de cette assertion. La possession de l'île de Helgoland lui donne la facilité de détruire le commerce de l'Allemagne septentrionale. Dans la Manche, Jersey et Guernesey sont des stations d'où elle peut attaquer les côtes de la France; aucun vaisseau ne peut naviguer dans la Méditerranée sans sa permission et sans passer sous les canons de Gibraltar, de Malte ou de Corfou; il est probable que si la Russie faisait mine de vouloir s'emparer de Constantinople, une garnison anglaise s'emparerait des châteaux des Dardanelles : cette position inexpugnable assurerait à l'Angleterre le moyen le plus sûr d'exclure les vaisseaux russes de la Méditerranée, et de paralyser sur ce point la puissance moscovite. Saint-Hélène et le Cap sont devenus des stations militaires importantes ; de ce dernier point, les Anglais commandent le canal de Mozambique ; ils possèdent les îles de Tristan d'Acunha, et de l'Ascension, de même que l'île de France ; ils exercent une grande influence à Madagascar, et entourent de cette manière toute l'Afrique. Dans l'Inde, l'Angleterre règne sur environ 80,000,000 d'habitans. Sincapoure devient le centre d'un empire maritime dans les parages des îles de la Sonde ; des colonies anglaises peuplent la Nouvelle-Hollande, la Nouvelle-Zélande et la Terre Van Diemen ; son commerce dans l'Océan pacifique est déjà devenu très considérable ; et le moment n'est peut-être pas éloigné où elle maîtrisera de ce point toute la côte nord-ouest de l'Amérique. Par la station de Halifax, dans la Nouvelle-Écosse, les Anglais règnent sur la partie septentrionale de l'Atlantique ; celle de la Jamaïque les rend maîtres du golfe du Mexique, et les îles Bermudes sont le point de réunion de ces deux stations. La plupart des Antilles appartiennent à l'Angleterre, toujours en état de bloquer l'île de Cuba ; l'influence de cette puissance est bien prononcée dans toute l'Amérique du sud et au Mexique. Les Anglais environnent donc les deux hémisphères d'un pouvoir formidable, qu'ils peuvent transporter où ils veulent ; ce pouvoir leur assure non seulement la faculté de s'emparer sur-le-champ des colonies des puissances qui voudraient se déclarer contre eux, mais aussi celle d'attaquer les côtes des dernières et de pénétrer dans le centre de leurs possessions.

La perte de quelques provinces dans l'Hindoustân ne serait pas un événement qui exercerait une grande influence sur la position politique et commerciale de l'Angleterre. Il est également évident, par ce qui précède, que les profits qu'on pourrait se promettre d'un trafic par terre avec l'Inde, sont purement chimériques. Le projet de vouloir faire de la Géorgie le centre de ce commerce, et d'y établir, dans ce but, des colonies françaises, qui resteraient en relation intime avec la mère-patrie, n'amènerait aucun résultat satisfaisant, quand même rien ne s'opposerait à son exécution. En effet, si l'on suppose qu'on pourrait tirer de grands avantages de l'envoi de caravanes à travers la Perse et l'Afghanistân dans l'Inde, on oublie que cette voie est bien peu sûre. Le négociant serait non seulement exposé à être rançonné par les chefs des différens états par lesquels il passerait, mais il risquerait encore de perdre, par les attaques imprévues des hordes nomades de ces contrées, toutes les marchandises de sa caravane. A la première guerre entre la Russie et la Perse, il deviendrait même impossible de faire partir des caravanes de Tiflis, ou de recevoir dans cette ville celles qui viennent de l'Inde. Et croit-on que, si ce trafic pouvait réellement offrir quelques avantages, la Russie permettrait long-temps à des étrangers de l'exploiter à leur profit? Certes, les marchands de Moscou et d'Odessa sont le plus à portée d'envoyer les productions de l'Europe en Géorgie, et de là en Perse, et plus loin; ils l'ont déjà essayé, mais le peu de sûreté qu'offre ce commerce, et les frais considérables qu'il exige, les ont découragés; ils ont abandonné ces entreprises incertaines, préférant vendre leurs marchandises aux caravanes de Boukhars, qui viennent les chercher à la frontière russe, et qui, comme mahométans, sont exposés en chemin à moins de vexations et de périls que les infidèles qui parcourent des pays où règne l'islamisme.

Ceux qui, dans nos temps modernes, ont rêvé les avantages du commerce par terre avec l'Inde, n'ont pas réfléchi que les marchandises apportées en Europe par les vaisseaux de la Compagnie anglaise et ceux des particuliers, sont, pour la plupart, entièrement étrangères à l'Hindoustân; or, ce ne serait que cette partie des possessions asiatiques de la Grande-Bretagne, que les caravanes et les armes russes, pourraient atteindre; car pour arriver dans les autres, il faudrait une marine, et l'on ne peut transporter ni des frégates, ni des vaisseaux marchands par la Perse dans la mer des Indes. Le coton et l'indigo seraient d'ailleurs les seules productions qu'on pourrait envoyer par des caravanes en Europe; puisque le transport par terre rendrait trop chers le riz, le salpêtre, le sucre et les autres marchandises d'un poids considérable. L'opium du Bengale ne trouverait pas un débit aussi avantageux en Europe que dans la Chine méridionale, où il est très recherché par les fumeurs, tandis que chez nous il n'est usité qu'en médecine. Les autres productions de l'Hindoustân qu'on reçoit en Europe, sont : le gingembre, la cardamome, le borax, la gomme laque, les matières colorantes, les noix vomiques, les fleurs de carthame, et autres objets qui donnent du profit quand ils arrivent en Europe par mer; mais ils ne suffiraient pas pour alimenter un commerce qui serait établi à grands frais à travers la Perse. Beaucoup de marchandises que les vaisseaux anglais apportent de l'Inde, ne viennent pas de la presqu'île en deçà du Gange. Ceylan fournit la canelle et l'essence de cet aromate; le poivre se tire de Sumatra, de Borneo, de Malacca et des côtes du golfe de Siam. Les différentes espèces de camphre sont apportées de Sumatra, de Borneo et de la Chine; ce dernier pays donne le thé, le musc, la squine, la cassia lignea, les fleurs de cassie, le sang de dragon, la porcelaine, les meubles en laque, des cotonnades et des tissus en soie. Les îles Molucques produisent le girofle, la muscade, le macis; on y extrait les huiles essentielles de toutes ces épices, de même que des grains de cajeput; le sagou y croît également en abondance. La gomme gutte vient du Cambodje et de la Chine; le benzoin est une production du royaume de Siam et de l'île de Sumatra. Le curcuma du Bengale est moins estimé que celui de Java et de la Chine. L'aloés vient de l'Afrique orientale, et principalement de l'île de Socotra, située devant le canal qui conduit à l'entrée de la mer Rouge; on en tire une autre espèce d'un pays montagneux dans le voisinage du cap de Bonne-Espérance, qui est presque entièrement couvert de la plante qui produit l'aloés. Le café asiatique ne croît pas dans l'Hindoustân; il vient de Moka en Arabie; de Sumatra, de Java et de l'île de Bourbon. La côte orientale de l'Afrique, l'Égypte et l'Arabie, offrent au commerçant de l'écaille, de la ra-

cinc de colombo, de l'encens, plusieurs espèces de
gommes-résines, qu'on emploie dans la médecine; de la
gomme arabique, des noix de galle, du sel ammoniac,
et mille autres objets utiles et recherchés. Mais la Compagnie des Indes n'importe pas uniquement les productions de l'hémisphère oriental du globe; celles de l'Amérique arrivent également sur ses vaisseaux; car elle fait
un commerce considérable de cochenille, qu'elle envoie
chercher dans l'Amérique méridionale. Cette marchandise est d'un très grand débit dans toute l'Asie; c'est
pourquoi on a essayé de transplanter cet insecte dans
l'Inde, mais sans un grand succès; car le peu de cochenille qu'on y récolte ne contient pas beaucoup de matière colorante; elle est très inférieure à celle de la Nou-
velle-Espagne, et ne peut servir à la teinture de tissus
grossiers.

Les principaux achats que les Européens faisaient autrefois dans la presqu'île des Indes en deçà du Gange, consistaient en tissus de coton d'une finesse extrême, qu'on
ne savait pas alors fabriquer en Europe. Actuellement
l'exportation et le débit de ces tissus sont moins considérables; ce qu'on en vend est plutôt dirigé vers la mer
Rouge, le golfe Persique, la côte de Malacca et les îles
Philippines, qu'en Angleterre. Les Anglais ayant perfec-
tionné leurs fabriques d'une manière étonnante, achè-
tent aujourd'hui le coton dans tous les pays du globe qui
produisent cette plante, pour le filer et le tisser chez eux;
après qu'ils l'ont converti en tissus de différentes sortes,
ils le réexportent et le renvoient dans les contrées qui
l'ont vu naître. Ainsi la marchandise qu'on allait prin-

cipalement chercher dans l'Inde, y est maintenant apportée de l'Europe. Le coton en laine, qui arrive tous les ans de l'Hindoustân en Angleterre, ne fait à peu près que la seizième ou la dix-septième partie de tout ce qui est importé de cette matière première dans ce dernier pays; par conséquent, si cette quantité venait à manquer soudainement, cet événement ne produirait pas un effet très sensible sur les manufactures anglaises.

On voit donc que le commerce des Indes a tout-à-fait changé de nature depuis la perfection des manufactures en Angleterre; que les objets qu'on portait autrefois de l'Inde en Europe n'y sont plus recherchés, et qu'un trafic direct avec l'Hindoustân, et même la possession d'une partie de ce pays ne seraient pas très profitables pour la Russie. Parmi les productions naturelles de l'Inde, il n'y en aurait qu'un petit nombre qu'elle pourrait envoyer en Europe, et pour attirer les autres apportées de contrées beaucoup plus éloignées, il lui faudrait une marine puissante, et des fabriques en état de rivaliser avec celles de l'Angleterre; elle aurait besoin de produits de l'industrie semblables à ceux de ce pays, pour les expédier à Canton, dans la presqu'île au delà du Gange, dans les îles Molucques et de la Sonde, et en Afrique, afin de les y échanger contre les choses dont elle pourrait avoir besoin pour soutenir son commerce indo-européen.

Enfin, quand même on supposerait que des plans et des espérances aussi chimériques pussent se réaliser, la difficulté et la cherté du transport des marchandises seraient toujours des obstacles insurmontables au com-

merce par terre avec l'Inde; car, peut-on comparer les
avantages de ce transport à ceux du transport par mer?
Les grands navires de la Compagnie des Indes, par exemple, sont de *douze cents tonneaux;* c'est-à-dire qu'ils
portent *vingt-quatre mille quintaux;* ils ont cinquante
à soixante hommes d'équipage. Un chameau, dans un
voyage de longue durée, ne peut porter, au plus, que six
quintaux; dix chameaux sont conduits par un homme.
Il faudrait donc une caravane de quatre mille chameaux
et de quatre cents conducteurs, outre l'escorte, pour
transporter la cargaison d'un seul bâtiment de la Compagnie des Indes. On charge environ dix quintaux sur
les petits chariots ou traîneaux attelés d'un cheval, tels
qu'ils sont en usage en Russie pour transporter les marchandises; vingt de ces chariots exigent un conducteur;
une cargaison égale à celle d'un vaisseau de la Compagnie, exigerait donc deux mille quatre cents chariots et
cent vingt hommes, outre l'escorte. Qu'on calcule ensuite la différence des frais entre ces deux manières de
faire arriver en Europe les marchandises de l'Asie méridionale, et l'on concevra sans peine qu'aucun commerçant ne voudrait courir la chance d'une opération
de ce genre.

RÉFLEXIONS

Depuis que la Russie a étendu ses possessions au delà
du Caucase, elle est obligée d'entretenir une armée nombreuse dans les provinces nouvellement conquises. Cette
armée ne trouvant pas dans les contrées qu'elle occupe les
vivres dont elle a besoin, on est obligé de les expédier
en grande partie par la mer Noire, et à travers le Caucase, par un chemin où les voitures ne peuvent passer
que rarement. Tous les autres objets nécessaires à l'é-
quipement et l'armement des troupes arrivent de la
même manière en Géorgie ; on peut donc juger que la
possession de cette contrée doit être très onéreuse pour
la Russie. Quarante mille hommes suffisent à peine
pour contenir la population de la Géorgie, et les tribus
guerrières du Caucase, qui épient toutes les occasions
de piller le pays et d'emmener les habitans en esclavage.

Toujours menacés d'un côté par les montagnards non
soumis, les Russes ne peuvent disposer librement des
forces qu'ils ont au sud du Caucase ; une guerre avec les
Persans doit les gêner beaucoup ; car, s'il est facile d'ordonner à cent mille hommes de passer cette chaîne de
monts inhospitaliers, il devient impossible de les nourrir quand ils sont arrivés au lieu de leur destination. Au-

---

(1) Ce morceau a déjà paru dans le *Courrier Français,* du mois de
novembre de l'année passée.

cune contrée de l'isthme caucasien ne produit une assez grande quantité de céréales pour qu'on en puisse exporter beaucoup ; et quand même il y aurait de la surabondance, la difficulté des communications empêcherait de transporter les grains dans les provinces moins fertiles. Ce manque de vivres sera toujours l'obstacle principal qui empêchera la Russie d'augmenter son armée en Géorgie, et de faire des conquêtes considérables en Perse. La partie de ce dernier pays, qu'une armée russe doit traverser pour arriver à Téhrân, capitale actuelle de la Perse, est encore moins féconde que la Géorgie ; elle n'est habitée que par des nomades qui vivent de leurs troupeaux ; rarement on y voit des champs labourés. A l'approche d'une armée ennemie les nomades se retireraient vraisemblablement avec leurs bestiaux dans les montagnes, où ils seraient en état de défendre leur propriété contre les cosaques envoyés à la recherche de vivres. Téhrân même est entouré de déserts, et rien dans ces contrées ne peut assurer les subsistances à l'armée qui y ferait une invasion.

Pour faire la guerre dans ces pays, il ne faut pas seulement y avoir une armée bien équipée et bien conduite, il faut encore que les troupes qui la composent soient acclimatées. L'air malfaisant de plusieurs cantons de la Perse septentrionale engendre des fièvres et d'autres maladies, qui empirent encore par une nourriture malsaine, et principalement par les fruits que le soldat ne peut s'abstenir de manger.

Les troupes russes, en s'avançant sur le territoire persan, laisseraient derrière elles au moins cent vingt mille

Caucasiens, bien armés; de plus, toute la population géorgienne de l'isthme, qui n'attend qu'une occasion favorable pour se révolter; enfin, les tribus mahométanes du Karabagh, du Chirvân et du Daghestân, toujours prêtes à secouer le joug des infidèles. Gênée dans sa marche, par le manque de choses de première nécessité, l'armée d'invasion se trouverait perpétuellement harcelée par la cavalerie légère des Persans, qui vaut bien les casaques; et on sait combien ces attaques imprévues contribuent à fatiguer et à démoraliser une armée en marche.

Si les Persans pouvaient être assez éclairés ou assez bien conseillés pour éviter toute bataille rangée, dans le cas où les Russes envahiraient leur territoire; s'ils laissaient les Russes s'avancer, et se bornaient à couper les communications entre les différens corps de l'armée ennemie et la Géorgie, ils réussiraient infailliblement à les détruire, ou à les forcer à retourner avec perte dans leur pays. Mais la stupidité et la fausse bravoure de presque tous les peuples mahométans ne permettra probablement pas de prendre un parti si avantageux pour eux; ils voudraient se mesurer en rase campagne avec l'armée des infidèles; alors la bravoure du soldat russe, guidée par la tactique européenne, pourra tenir tête à un ennemi dix fois plus fort en nombre. Mais une, deux et trois batailles perdues ne décident pas le sort d'un Etat à moitié barbare; et, pour la Russie, la difficulté de conquérir sera beaucoup moindre que celle de garder les provinces qui pourront lui échouer en partage.

Du reste, tout agrandissement de la Russie, aux dépens de la Perse, ne peut être que désavantageux à la première de ces deux puissances ; elle acquerra des provinces qui ne sont d'aucun rapport, et dont les habitans, sectateurs zélés de l'islamisme, ne lui seront jamais véritablement dévoués. Elle sera donc forcée d'y entretenir toujours un nombre considérable de troupes ; ce qui lui causera les dépenses extraordinaires, indépendamment des frais de l'administration. Elle se trouverait donc, à cet égard, dans une position aussi gênée que celle de la Compagnie des Indes, depuis la guerre entreprise si imprudemment contre les Birmans, et la paix glorieuse qui l'a terminée ; c'est-à-dire que les nouvelles conquêtes au delà du Gange obligeront long-temps les Anglais à se tenir sur la défensive contre leurs voisins du côté de l'Orient.

FIN.

IMPRIMERIE ET FONDERIE DE J. PINARD,
RUE D'ANJOU-DAUPHINE, N° 8.

ERRATA.

———◦○◦——

Page 42, ligne 1 de la note, *lisez* (43° 44′ 5″ lat. N. et 42° 20′ 12″ long. E.).
..... 89, ... 4. Pour Bezenlie, *lisez* Bezlénié.

www.ingramcontent.com/pod-product-compliance
Lightning Source LLC
Chambersburg PA
CBHW070356090426
42733CB00009B/1448